U0657896

你用电·我用心

Your Power Our Care

社会责任议题管理手册

国家电网公司　编

中国电力出版社
CHINA ELECTRIC POWER PRESS

序

习近平总书记在 2018 新年贺词中指出："2018 年，我们将迎来改革开放 40 周年。改革开放是当代中国发展进步的必由之路，是实现中国梦的必由之路。我们要以庆祝改革开放 40 周年为契机，逢山开路，遇水架桥，将改革进行到底。"改革开放 40 年来，中国企业取得了巨大的发展成就，许多企业具备了成为具有国际竞争力的世界一流企业的基础和条件。2017 年，在世界 500 强中，中国企业达到 115 家，已日益成为展示中国国家形象的新名片。与此相适应，随着我国企业影响力的不断扩大，中国企业社会责任发展也取得了巨大成就。

习近平总书记多次强调，"坚持经济效益和社会效益并重。一个企业既有经济责任、法律责任，也有社会责任、道德责任。企业做得越大，社会责任、道德责任就越大，公众对企业这方面的要求也就越高""只有富有爱心的财富才是真正有意义的财富，只有积极承担社会责任的企业才是最有竞争力和生命力的企业"。

在习近平新时代中国特色社会主义思想的引领下，在中国企业特别是中央企业的持续推动下，企业社会责任已在中国从无到有，从舶来品到真正植根于中国语境。2012 年底的中央经济工作会议明确提出要"强化大企业的社会责任"；十八届三中全会将"承担社会责任"作为深化国有企业改革的六项重点工作之一；十八届四中全会特别指出要"加强社会责任立法"；十八届五中全会提出"加强国家意识、法治意识、社会责任意识"。"十九大"做出了我国社会主要矛盾发生转化的重大判断，提出"推进诚信体系和志愿服务制度化，强化社会责任意识、规则意识、奉献意识"，我国已将企业社会责任上升为国家意志和国家战略。

自 2006 年以来的 13 年中，国家电网公司坚持理论与实践并重，率先发布我国首份企业社会责任报告，首个企业履行社会责任指南，首个企业绿色发展白皮书，首个企业价值白皮书，首套企业社会责任管理工具丛书；深度参与社会责任国际标准 ISO 26000、国家标准 GB/T 36000 和行业标准制定；率先成立能源行业首个企业公益基金会；社会责任案例进入哈佛、北大、清华等高校课堂。国家电网公司持续探索与完善社会责任工作体系，经历"导入起步（2006—2007）""试点探索（2008—2011）""全面试点（2012—2013）""根植深化（2014—2016）"四个阶段，进入"示范引领"阶段，推动全面社会责任管理根植于企业运营，推进社会责任模式创新和制度创新，在创新管理模式、综合价值实现模式和责任落实机制方面取得丰硕成果，为企业社会责任发展贡献了国家电网智慧和国家电网经验，引领了企业社会责任管理的发展方向。

供电企业作为提供公共产品与服务的基础产业，既是服务千家万户的可靠供电保障主体，也是关系国计民生的能源战略实施主体，同时还是公众高度关注的社会资源配置主体。供电企业的公共事业属性，决定了其肩负着重大的政治、经济与社会责任，必须秉承人民电业为人民的企业宗旨，坚持以客户为中心、专业专注、持续改善的核心价值观，做好电力先行官，架起党联系群众的连心桥，在服务党和国家工作大局、服务经济社会发展和人民美好生活中当排头、做表率。改革开放以来，我国供电企业一直积极履行社会责任，自觉追求社会综合价值最大化，不断推动社会责任融入企业日常经营与管理，很好地发挥了引领和示范作用。同时，作为运营受到社会广泛监督，重大决策只有得到政府许可、社会认同、公众支持才能付诸实施的公用事业企业，供电企业最有意愿将社会责任理念融入日常的运营管理，也最迫切需要一套系统、实用的导入工具。

这套社会责任管理工具丛书，就是将国家电网公司历年来在企业社会责任管理方面的经验与实践，进行"将复杂的问题简单化""将具体内容逻辑化、结构化、图示化"的梳理，把社会责任理论与具体的产业、行业、企业业务有机地结合起来，根据不同的情景，提出不同的解决方案，并提供相应的管理工具，希望使读者能够在短时间内有效地理解、掌握和运用。我们相信，这套丛书对我国供电企业，甚至是所有企业全面了解、系统掌握和熟练应用社会责任理念、方法和工具，将起到重要的指导和借鉴作用，必将对我国企业社会责任理论与实践的发展起到重要的促进作用，对中国经济社会可持续发展和企业更好履行社会责任产生重要而深远的影响。

习近平新时代中国特色社会主义思想和党的"十九大"精神赋予了新时代企业社会责任的新使命，指明了新时代企业社会责任的新方向，明确了新时代企业社会责任的新任务。40年物换星移，40年春华秋实，今天，站在新的历史方位，中国企业社会责任的理论创新、制度建设、实践方法也必须进入新境界，必须从更高起点上系统谋划，整体推进。我们有信心，通过不懈努力和不断探索，与社会各方和全球伙伴一起，携手应对世界经济、社会、环境发展中的新挑战，共同构建人类命运共同体，努力促进全球可持续发展目标的实现。

国家电网公司董事长、党组书记

2018 年 6 月

前 言

企业社会责任发展涉及到企业、政府、公民社会等多元社会主体，既是所有社会主体行为与经济社会发展相互作用的宏观共同演化结果，也是不同社会主体行为之间互相影响的微观共同演化结果，因此，企业、政府、公民、社会等多元社会主体共同推动着企业社会责任生态系统的自组织、自进化和自发展。实践企业社会责任的切入点和主要抓手是要对一个个企业社会责任议题进行落实，进而渐进式地实现由量变到质变。企业社会责任作为一种具有普适性的价值观和理念，其最终落地完全取决于构成企业社会责任主要内容的一个个社会责任议题是否得到有效落实。

社会责任议题管理是深化社会责任管理的新兴手段。社会责任议题管理是指对社会责任议题进行计划、组织、指挥、监督和协调的一系列控制活动，是企业社会责任议题的系统性落实机制，可以增强社会责任管理的实践性和可操作性。目前企业社会责任议题管理的理论研究、工具开发等都相当匮乏。

国家电网公司作为社会责任管理的先行者和实践者，不断尝试各种方法推动社会责任与企业管理的结合，在企业社会责任议题识别、分析、筛选、组织等各个方面积累了宝贵的经验，并将其编写成为《社会责任议题管理手册》（简称《手册》）。

本《手册》是首本供电企业社会责任议题管理工具书，体现了系统性、实践性和创新性，对社会责任议题管理体系进行了全面阐述，包含概念篇、方法篇、实务篇和工具篇四篇内容。概念篇从企业社会责任主题、议题、议题管理、项目等方面，厘清了社会责任议题管理的相关概念的涵义和相互关系。方法篇从社会责任议题管理的策略选择、工具流程、组织程序等方面，系统构建了社会责任议题管理的方法和程序。实务篇从供电企业社会责任议题管理的目标、原则、程序等方面进行了实践展示，对议题管理如何落实进行了解析。工具篇开发出一系列社会责任议题管理的工具，方便读者学习和使用。

希望本《手册》能为供电企业开展社会责任议题管理提供借鉴，引导社会责任议题管理系统化、规范化、结构化和制度化，促进社会责任根植与企业管理创新相融合，不断提升供电企业社会责任管理水平。

目录

概念篇

企业社会
责任主题

企业社会
责任议题

企业社会
责任议题管理

企业社会
责任项目

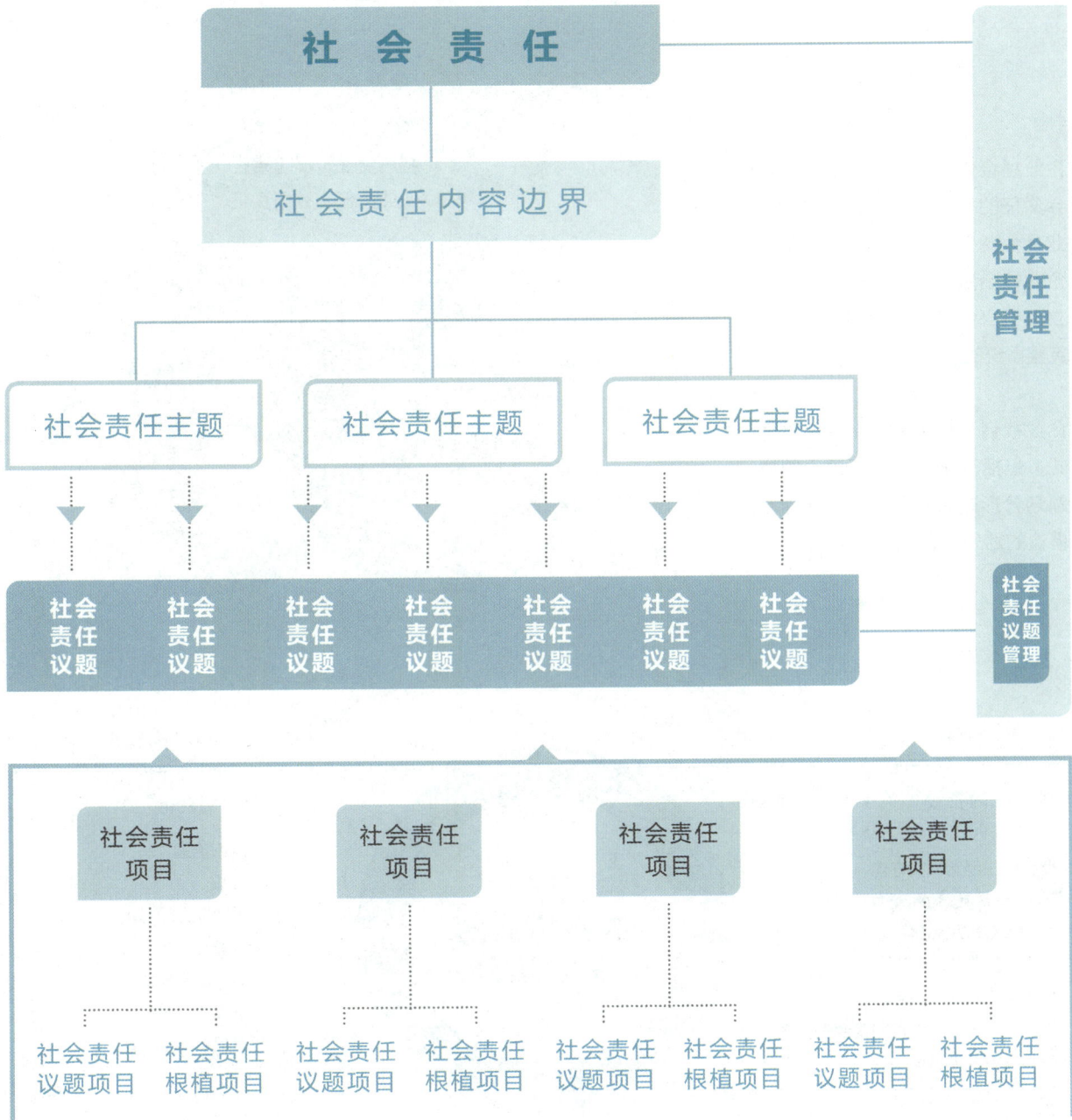

企业社会责任主题

企业社会责任主题是企业履行社会责任的核心领域，它界定了企业社会责任的内容边界与范围。企业社会责任主题之间既相互独立又相互依存，共同构成了一个完整系统的企业社会责任观。

企业社会责任主题有多种划分形式，包括基于社会责任理论的主题划分形式和基于社会责任标准倡议的划分形式。

利益相关方理论

股东责任、政府责任
客户责任、员工责任
伙伴责任、社区责任
……

**基于
相关理论的
主题划分**

三重底线理论

经济责任
社会责任
环境责任

金字塔理论

经济责任
法律责任
伦理责任
慈善责任

国务院国资委《关于中央企业履行社会责任的指导意见》

坚持依法经营诚实守信
不断提高持续盈利能力
切实提高产品质量和服务水平
加强资源节约和环境保护
推进自主创新和技术进步
保障生产安全、维护职工合法权益
参与社会公益事业

**基于
政策标准的
主题划分**

ISO26000

组织治理
人权
劳工实践
环境
公平运营实践
消费者问题
社区参与和发展

GRI 4.0

经济	人权
环境	社会
劳工实践	产品责任

**联合国全球契约
十项基本原则**

人权	劳工
环境	反腐败

特定企业在确定自身的社会责任主题时，通常是在识别企业的行业特性和核心社会功能的基础上，综合一项或多项社会责任理论和标准，识别并确定既满足理论与标准要求又符合自身特点与价值观的社会责任主题。

▼ **国家电网公司的社会责任主题**

企业社会责任议题

企业社会责任议题定义

企业社会责任议题是企业社会责任主题下的关键性问题，是对社会责任主题的任务分解。这些议题：

▸ 对经济、社会、环境可持续发展有着重要影响；

▸ 对利益相关方有重要影响并受到利益相关方广泛关注；

▸ 是社会责任法律规范或倡议公约关注的核心内容；

▸ 与企业有密切关联，受到企业影响或给予企业影响。

企业社会责任议题特征

影响性

影响性是社会责任议题最基本的特征。任何一项社会责任议题都会对社会或企业自身带来一定的影响，这种影响可能是积极的，也可能是消极的，或者两者皆有。

话题性

话题性是指具有一定争议或讨论价值。企业社会责任议题通常是以话题的形式在媒体、社会责任业界或某个利益相关方圈子内被关注和讨论。

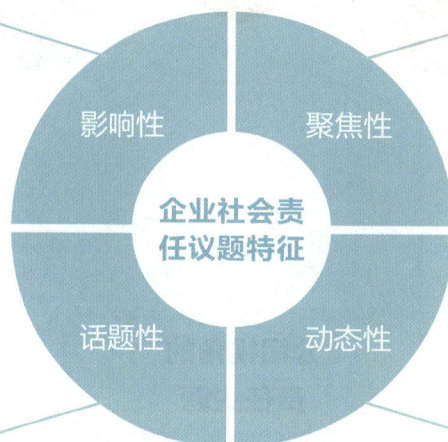

聚焦性

社会责任议题往往涉及的是较为具体的话题、事件、工作或诉求，议题的主体和影响的客体都是特定的群体，因此具有较高的聚焦性。

动态性

社会责任议题会随着外部社会经济发展和利益相关方期望而动态变化。有些议题随着问题的解决或自身的变化而慢慢退出公众关注的视野，也有些议题会随着外部环境的改变越来越受到重视。

居民阶梯电价的四大特性

居民阶梯电价是前两年较为热点的社会责任议题。该议题同时具有影响性、话题性、聚焦性和动态性四大特征。

影响性 居民阶梯电价对于用电量较大的居民而言，其用电成本会有所提高；而对于发电企业和电网企业来说，阶梯电价有利于更好地实现电力资源的价值；同时执行阶梯电价间接促进了居民节约用电，对环境和资源都有正面的影响。

话题性 居民阶梯电价政策涉及对居民用电成本的调整，是关乎国计民生的敏感性政策，因此具有很强的话题性。在执行该政策前后几年内，无论是行业内、媒体还是公众都将居民阶梯电价作为一个重要话题进行了热烈的讨论。

聚焦性 居民阶梯电价作为一项社会责任议题被提出，是建立在居民阶梯电价政策出台与执行这件具体的事件基础之上。该议题的关注点也聚焦在政策带来的价值和影响以及电网企业在推进政策落实方面应该承担的责任等问题上。

动态性 居民阶梯电价政策是从 2008 年开始酝酿并于 2012 年开始试行。2008 年以前，居民阶梯电价没有纳入社会责任议题考虑的范畴。2012 年前后一年左右是居民阶梯电价议题的热点期。而随着 2014 年以来阶梯电价的平稳执行，公众对于该议题的关注也在慢慢淡化。

企业社会
责任主题

企业社会
责任议题

企业社会
责任议题管理

企业社会
责任项目

企业社会责任议题类型

根据与企业的关联程度和发挥的价值特性，社会责任议题可分为普通议题、价值链主导型议题和竞争环境主导型议题三大类。

▼ **社会责任议题分类型及示例**

类型	普通议题	价值链主导型议题	竞争环境主导型议题
解释	这些议题一般独立于企业运营环境，既不受企业运营的明显影响，也不对企业的长期竞争力构成明显影响	这些议题存在于企业价值链环境之中，会受到企业经营活动的显著影响，包括积极影响或消极影响	这些议题与企业运营环境有一定关联，会对企业竞争力造成显著影响，包括积极影响或消极影响
示例	保护文物古迹 关注弱势群体 反歧视	重大活动保供电 大面积停电事故 绿色电网	大用户直购 电能替代 气候变化

社会责任议题与企业和社会的关系
▶

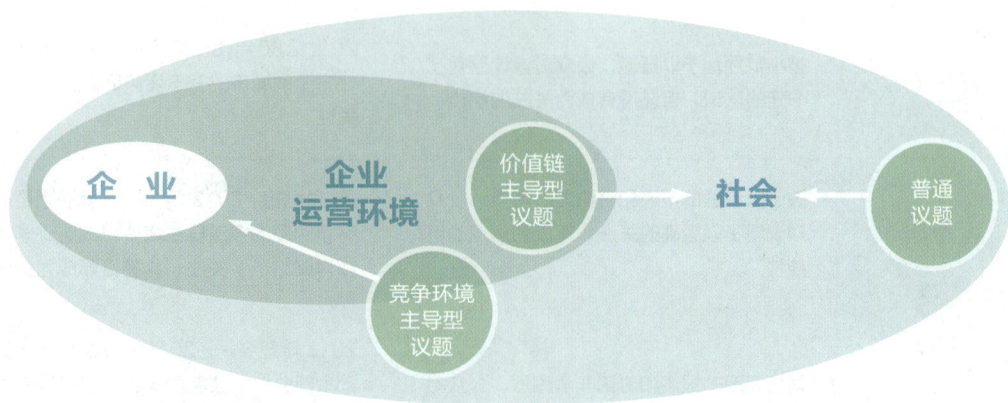

社会责任议题所处的类型不是一成不变，而是会随着经济社会发展、利益相关方诉求变化以及议题本身的发展而动态变化。比如，气候变化在还没有成为敏感的环境问题之前，对企业而言是普通的社会责任议题，但随着该议题越来越影响到地球生命的可持续发展而受到社会各界的重视，对于电网企业这样的能源型企业而言，它就变成了竞争环境主导型议题。

企业社会责任议题的生命周期

每一项社会责任议题都有其生命周期，会随着外部经济社会环境的变化和利益相关方关注点的转移而处于不同阶段，包括潜伏期、发生期、发展期、热点期、消退期。

▼ 社会责任议题生命周期

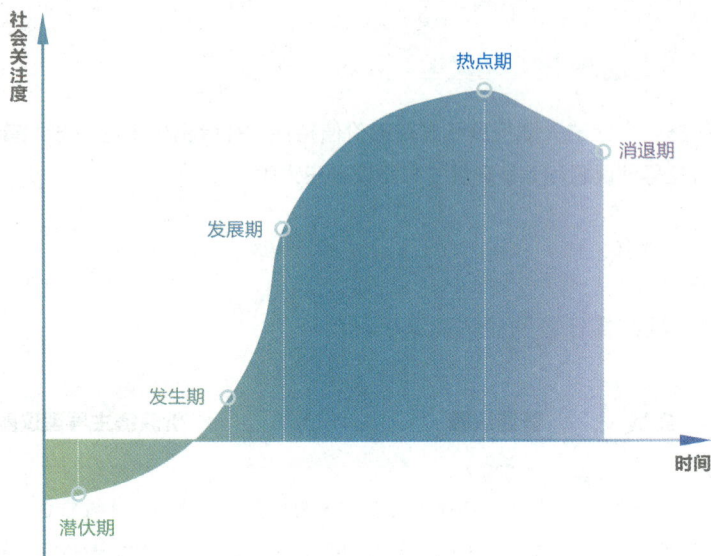

▼ **社会责任议题生命周期详解及示例（以雾霾问题为例）**

生命周期	社会关注情况	示例说明
潜伏期	还没有进入公众视野，不被利益相关方关注，也没有被正式纳入关注和应对的议程，但是在极小范围内被讨论	20世纪80年代之前——经济发展对环境的影响尚未显现，雾霾这个议题就处于潜伏期，不被公众注意，仅有少量有前瞻性眼光的环境专家关注该议题
发生期	被小范围地予以报道，公众对该议题有了一定的认识，但还没有成为关注的焦点	20世纪80年代~20世纪末——随着工业化的逐步发展，北方个别城市的空气污染问题开始出现并受到小范围的关注
发展期	关于该议题的报道和讨论逐渐增多，公众对议题予以较高的关注，有成为焦点的可能性	21世纪初~2012年——环境问题更加凸显，对于各地雾霾问题的报道日益增多，政府、学术界和非政府组织都对此给予了关注，雾霾日渐成为关注的焦点
热点期	对该议题的报道和讨论非常热烈，公众对议题给予极大的关注，是当前社会责任领域的焦点和敏感话题	2013年至今——2013年初的十多天时间里，我国中东部大部分地区被雾霾笼罩，空气质量达到严重污染。雾霾从此成为全社会关注的热点。政府、企业、学术界等纷纷出台政策和计划共同应对雾霾问题。国家电网公司旨在应对雾霾的"电能替代"战略就在这一年提出
消退期	社会公众和利益相关方对该议题逐渐丧失关注和讨论的兴趣，相关报道也在逐渐减少	未来某一天——随着经济结构的转型发展和对环境污染的治理，我国的雾霾问题终将像当年伦敦、洛杉矶等发达国家的雾霾问题一样得到根治，从而该议题也将逐渐淡出公众关注的视野

企业社会
责任主题

企业社会
责任议题

企业社会
责任议题管理

企业社会
责任项目

企业社会责任议题管理

企业社会责任议题管理的定义

企业社会责任议题管理是指对企业的社会责任议题进行计划、组织、指挥、监督和协调的一系列控制活动，是企业社会责任议题的系统性落实机制。

企业社会责任议题管理包括企业整体层面的议题管理和针对特定议题的管理。前者是指推进议题管理的工作机制或组织程序，即明确企业各个职能部门在议题管理中的职责和角色，建立相互间的工作程序和汇报关系；后者是指对特定议题进行的选择、分析、计划、执行、控制、评价、考核和改进等系列管理工作。

企业社会责任议题管理的特征

管理思维的前瞻性
具有前瞻性的思维和眼光也是企业社会责任议题管理的特征之一，因为开展企业社会责任议题管理往往需要提前预判某些议题对于社会或企业的价值与影响，主动关注外部舆论、诉求与期望，超前做出应对策略并开展行动。

管理对象的聚焦性
企业社会责任议题管理的对象是一个个独立的社会责任议题，相关的组织、计划、实施、监督和协调等行为都是以社会责任议题为焦点并围绕着这些议题展开的。管理对象的聚焦性提高了议题管理的资源集中度和管理效率，这是企业社会责任议题管理的特点与优势之一。

议题管理特征

管理策略的差异性
不同的社会责任议题具备不同价值属性和社会影响，受到不同程度的社会关注，处于不同的生命周期阶段，所有这些特征都对议题管理提出了不同的策略要求。因此，开展社会责任议题管理需要针对不同的议题制定差异化的应对策略。

管理主体的多元性
企业社会责任议题涉及企业运营的各个环节，关系经济、社会、环境和所有利益相关方，因此管理企业社会责任议题不是某一个职能部门的事情，而是需要企业各个职能部门和所有子公司的参与和配合。管理主体的多元性决定了社会责任议题管理需要更大的协调力度。

管理过程的开放性
社会责任议题的影响性决定了社会责任议题管理过程的开放性。每一项社会责任议题都涉及对经济、环境或社会的影响，涉及利益相关方的利益。因此，需要在管理过程中纳入利益相关方参与和沟通，充分尊重和采纳利益相关方的意见和期望。

企业社会责任议题管理和企业社会责任议题实践的关系

企业社会责任议题实践是指企业日常运营中的社会责任实践活动，例如电网企业的重要保供电活动、支持清洁能源发展活动、开展员工关爱活动和参与公益事业活动等。这类实践往往具有一定的分散性、随意性，缺乏系统性的工作思维和方法。

企业社会责任议题管理是将社会责任议题实践融入了更多系统化、结构化、制度化和流程化的管理思维、方法和工具，比社会责任议题实践更科学和规范，是实现全面社会责任管理的重要途径。

▼　**企业社会责任议题实践与企业社会责任议题管理的关系**

社会责任议题实践 ▶

系统化
社会责任议题管理要求公司将社会责任议题实践作为一项整体性工作来部署、策划、实施和监督。社会责任实践不再是片面的工作或某个部门的事情，而是整个企业的职责与义务，需要各个部门之间的协调和配合。

制度化
社会责任议题管理要求企业建立一整套关于社会责任议题管理的部署、推进、监督和考核的制度文件和工具，确保社会责任议题实践能够更加规范有序和可持续。社会责任实践不再是依据经验的活动，而是有章可循、有据可依的工作。

结构化
社会责任议题管理要求将企业的社会责任议题依据社会责任主题分成不同的议题类型、分析其相应的价值属性和资源条件，根据不同的生命周期阶段制定差异化的应对策略和实施方案。社会责任实践不再是松散的各司其职的活动，而是具有一定层次、序列和结构的工作。

流程化
社会责任议题管理要求企业将社会责任议题实践纳入一个规范的工作流程中，按照议题收集—议题分析—重要性筛选—议题实施—绩效评估的循环改进的工作程序开展企业的社会责任实践。社会责任实践不再是随意性的活动，而是有着完善的工作流程和步骤的规范行为。

▶ **社会责任议题管理**

企业社会责任议题管理与企业社会责任管理、企业社会责任推进管理的关系

企业社会责任管理是指确保企业履行相应社会责任，实现良性发展而建立的组织机构、制度安排与运行程序。它是企业整体的工作安排，从狭义的角度看是企业管理的一个组成部分，从广义的角度而言则是企业管理的新模式和新方向。

企业社会责任推进管理是指为促进企业履行社会责任而提供的支持、协助和推动机制。它一般是企业社会责任推进部门的工作，内容包括：组织协调、制度建设、能力建设和监督考核等。

企业社会责任议题管理是对企业的社会责任议题进行计划、组织、指挥、监督和协调的一系列控制活动，它是企业社会责任管理的一个组成部分，是企业社会责任管理得以落实和推进的重要抓手。

企业社会责任议题管理和企业社会责任推进管理都属于企业社会责任管理的内容。企业社会责任议题管理在操作过程中会应用到社会责任管理的系统性方法，例如社会责任融入公司理念、战略和管理，责任制度与能力建设，利益相关方参与和沟通、社会环境风险管理、责任品牌化运作、社会责任绩效评估等。而企业社会责任推进管理则通过组织协调、能力建设等工作为企业社会责任议题管理顺利开展提供支撑和保障。

▼ **企业社会责任议题管理与企业社会责任管理、企业社会责任推进管理的关系**

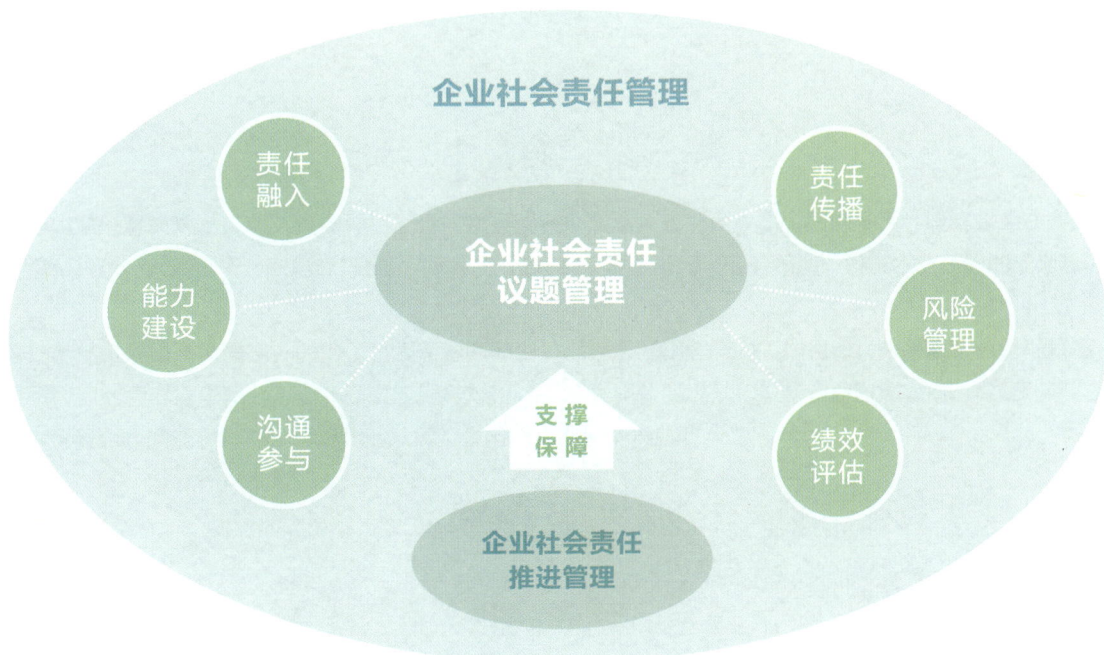

企业社会责任项目

企业社会责任项目的定义

社会责任项目是为实施社会责任议题或落实社会责任理念及管理方法而设定的一次性任务。社会责任项目：

▸ 是一项有待完成的任务，有特定的环境与要求。
必须在一定的组织机构内，利用有限的资源（人力、物力、财力等）在规定的时间内完成任务，任何项目的实施都会受到一定的条件约束。

▸ 必须要满足一定性能、质量、数量、技术指标的要求。

▸ 目的是为了实施社会责任议题或落实社会责任理念及管理方法。

企业社会责任项目的类型

企业社会责任项目包括企业社会责任议题项目和企业社会责任根植项目两类。企业社会责任议题项目是为落实某一项或几项社会责任议题或子议题而设立的项目。企业社会责任根植项目是为将社会责任理念与管理方法根植于企业运行活动而设立的项目。企业社会责任议题项目与企业社会责任根植项目的交叉即为企业社会责任议题类根植项目，指的是在实施过程中融入了社会责任理念与管理方法的社会责任议题项目。

企业社会责任项目的两种类型

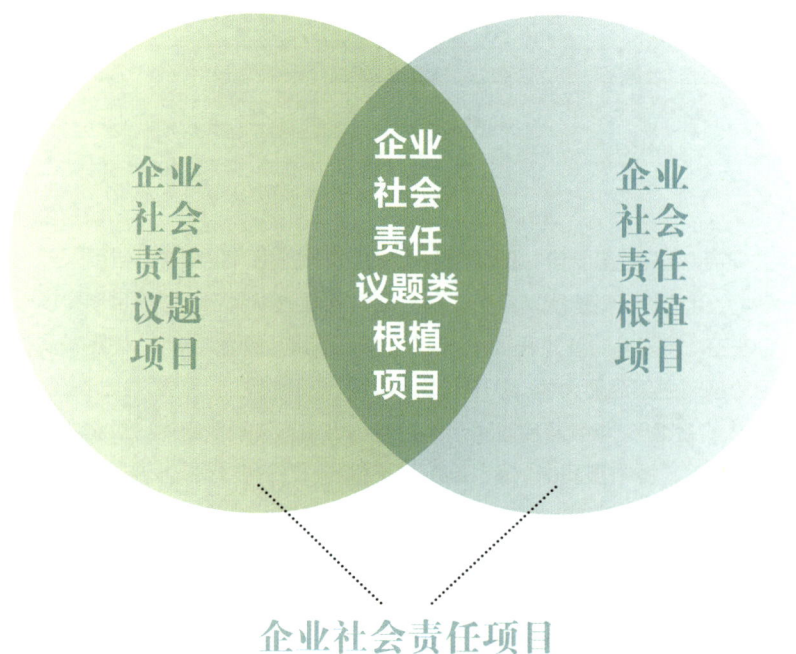

▸

企业社会责任议题项目　　企业社会责任议题类根植项目　　企业社会责任根植项目

企业社会责任项目

企业社会责任根植项目制

企业社会责任根植项目制是指以项目制的方式推动将社会责任理念或社会责任管理方法体系根植于企业的运行活动，以便实现运行活动的价值提升、方式优化与障碍破解。

企业社会责任根植项目制的根植内容包括社会责任理念的根植与社会责任管理的根植。

社会责任沟通的根植

社会表达的根植

社会风险管理的根植

理念根植

社会资源整合的根植

综合价值创造的根植

利益相关方参与的根植

企业社会责任项目中的理念根植 ▲

企业社会责任项目中的管理根植 ▶

社会责任管理方法体系的根植

社会责任管理模式的根植

社会责任管理工具的根植

管理根植

社会责任品牌化的根植

社会责任融入公司运营的根植

社会责任推进管理的根植

方法篇

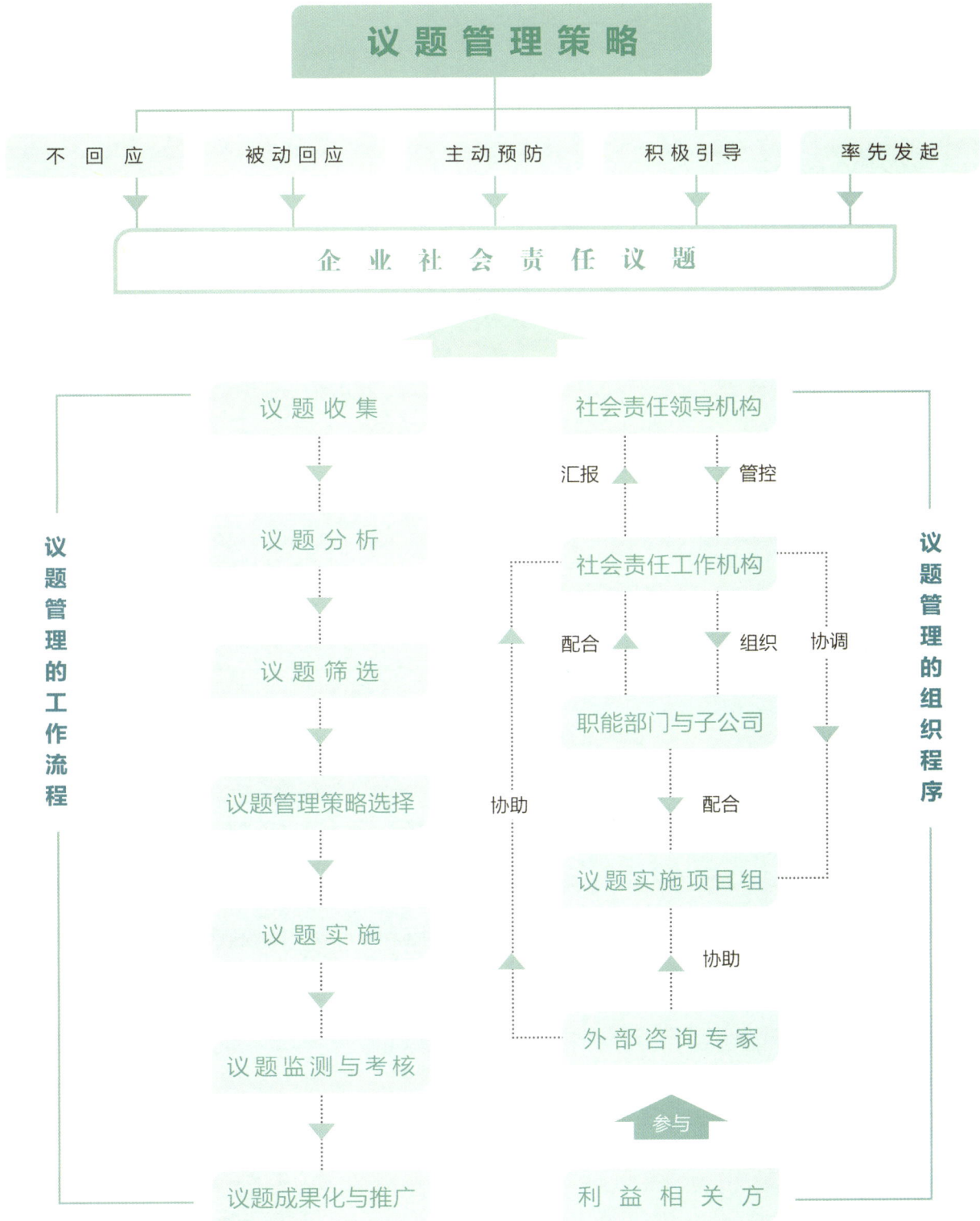

议题管理策略

不 回 应　　被动回应　　主动预防　　积极引导　　率先发起

企 业 社 会 责 任 议 题

议题管理的工作流程

议 题 收 集

议 题 分 析

议 题 筛 选

议题管理策略选择

议 题 实 施

议题监测与考核

议题成果化与推广

社会责任领导机构

汇报　　管控

社会责任工作机构

配合　　组织　　协调

职能部门与子公司

协助　　配合

议题实施项目组

协助

外部咨询专家

参与

利 益 相 关 方

议题管理的组织程序

社会责任议题管理的策略选择

社会责任议题管理策略

根据企业应对社会责任议题的态度和对社会责任议题所能给予的影响，社会责任议题管理可分为不回应策略、被动回应策略、主动预防策略、积极引导策略和率先发起策略五大类。

社会责任议题应对策略矩阵 ▶

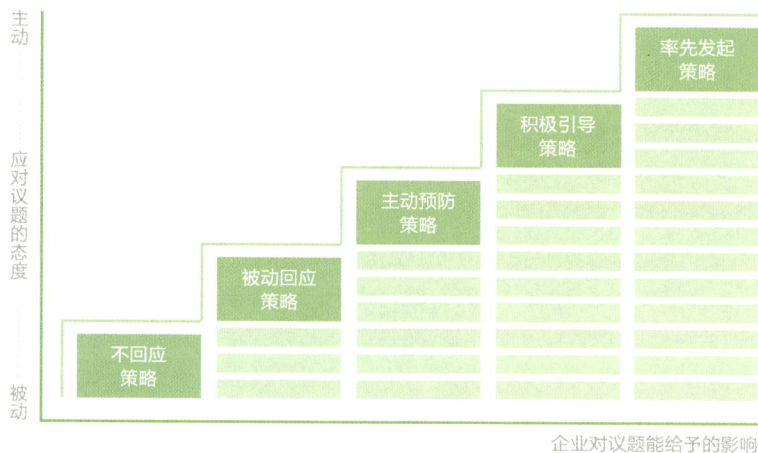

率先发起策略

积极引导策略

主动预防策略

被动回应策略

不回应策略

主动

应对议题的态度

被动

企业对议题能给予的影响

不回应策略

不回应策略是指企业对某项社会责任议题的发起方或关注群体采取消极回避或不主动回应的策略。包括：不主动披露相关信息，不主动在公开场合讨论该类话题等。不回应不等于不作为，这只是企业针对议题的特殊性所采取的一种应对方法。企业在日常的议题管理中将对议题的发生发展给出持续的关注和分析，并在合适时机调整对议题的管理策略。

被动回应策略

被动回应策略是指企业对某项社会责任议题的发起方或关注群体采取的消极或被动的应对策略，包括：仅向提出诉求的群体披露相关信息或进行个别沟通，仅对利益相关方特别关注的问题进行回应和讨论等。被动回应策略和不回应策略都是议题管理策略中较为消极的一种应对方法，其目的均为尽量降低企业在议题中的曝光率，减少议题对企业构成的负面影响。

主动预防策略

主动预防策略是指企业对某项社会责任议题的发生发展进行密切关注并采取一系列沟通和管理措施以预防该议题对企业带来的风险或负面影响。主动预防策略在态度上是积极的、主动的，但在方法上仍以保守的消极的预防措施为主，其目的依然是尽力减少或规避议题对企业的负面影响。

▼ **企业社会责任议题不同类型应对策略比较**

策略组成 策略类型	投入资源	融入战略	管理改变	创新做法	社会沟通
不回应策略	投入资源最少，仅用于对议题发展态势的日常监控	不将议题融入企业战略	不因为议题实施对企业管理做出改变	不推出创新性行动或计划	不主动披露相关信息；不在公开场合讨论该议题
被动回应策略	投入少量资源，主要用于解决利益相关方直接质疑的问题和进行相关的沟通活动	不将议题融入企业战略	仅对个别造成议题中问题的管理环节做出改变	不推出创新性行动或计划	仅向提出诉求的群体披露相关信息或进行个别沟通，仅对利益相关方特别关注的问题进行回应和讨论
主动预防策略	投入较多资源，用于对议题的全面落实、创新及沟通传播	不将议题融入企业战略	全面审视企业管理制度及流程，并做出相应的改变以确保议题的实施	适当推出创新性的行动方案或计划	就议题相关内容，主动与利益相关方开展沟通，消除误解与偏见，了解期望和需求
积极引导策略	投入大量资源，用于对议题的全面落实、融入、创新与沟通	将议题融入企业战略，让议题成为企业未来发展的一部分	全面审视企业管理制度及流程，并做出相应的改变以确保议题的实施	制定创新性的行动方案或计划，包括开展研究和开发、运作品牌化项目等	就议题相关内容主动与利益相关方开展全面沟通；制定信息披露与社会传播策略，引导社会公众对企业价值的了解和认可
率先发起策略	投入最大量的资源，用于对议题的全面落实、融入、创新、沟通与传播	将议题融入企业战略，让议题成为企业未来的发展方向或重点	全面审视企业管理制度及流程，并做出相应的改变以确保议题的实施	制订创新性的行动方案或计划，包括开展研究和开发、运作品牌化项目等	制订全面系统的社会沟通与传播方案并实施，营造舆论氛围提高公众对该议题的关注和讨论，成为同行业中该议题的代言人

积极引导策略

积极引导策略是指企业对某项社会责任议题的发生发展进行主动的信息披露和舆论引导，并将利益相关方诉求和议题中的核心问题积极融入到企业的运营管理过程中，确保议题对企业的正面影响最大化。

率先发起策略

率先发起策略是指企业对尚处于潜伏期但对企业未来竞争力影响巨大的议题采取率先发起的策略，包括营造舆论氛围提高公众对该议题的关注和讨论，主动研究该议题实践中的问题并改进现有的管理，成为同行业中该议题的代言人，提高企业在该议题上的影响力。

社会责任议题管理的策略选择

针对不同的议题有不同的管理策略，在具体制定议题管理策略时，应综合考虑议题的生命周期和价值属性，对每一类议题所适用的应对策略进行分析和选择。拿到一个议题时，首先分析该议题的社会关注度，从而判断该议题所处的生命周期；再结合议题的价值属性，选择相应的应对策略和策略组合。

▼ **社会责任议题应对策略选择机制**

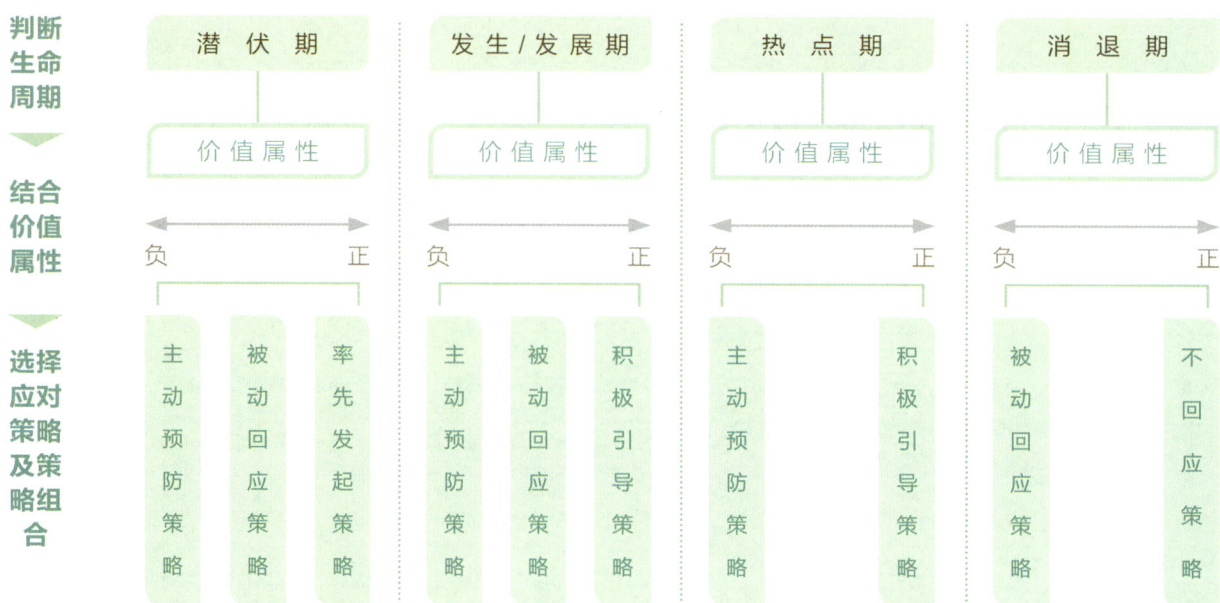

对于处于潜伏期的议题，如果其正面价值很高，则适用于采取率先发起策略；如果议题负面价值很高，则应采用主动预防策略；如果议题的价值不是非常明显，一般采用被动回应策略。

对于处于发生/发展期的议题，如果其正面价值很高，则适用于采取积极引导策略；如果议题负面价值很高，则应采取主动预防策略；介于两者之间的议题，适于采用被动回应策略。

对于处于热点期的议题，由于能够进入热点期的议题一般其价值属性都非常高，所以根据其价值的正负，分别采取积极引导策略和主动预防策略。

对于处于消退期的议题，一般采用不回应策略，除个别负面价值很高的议题，可采取被动回应策略。

议题应对策略不是一成不变，而是应随着议题的发展和议题对企业的影响变化作出适当调整。

社会责任议题管理的工作流程

企业社会责任议题管理的工作流程包括八个步骤：收集社会责任议题、分析社会责任议题、筛选重点议题并确定应对策略、确立社会责任议题实施优先序、制订社会责任议题实施方案、组织推进社会责任议题实施、社会责任议题管理绩效评估、社会责任议题管理成果化与推广。

▼ 社会责任议题管理工作流程

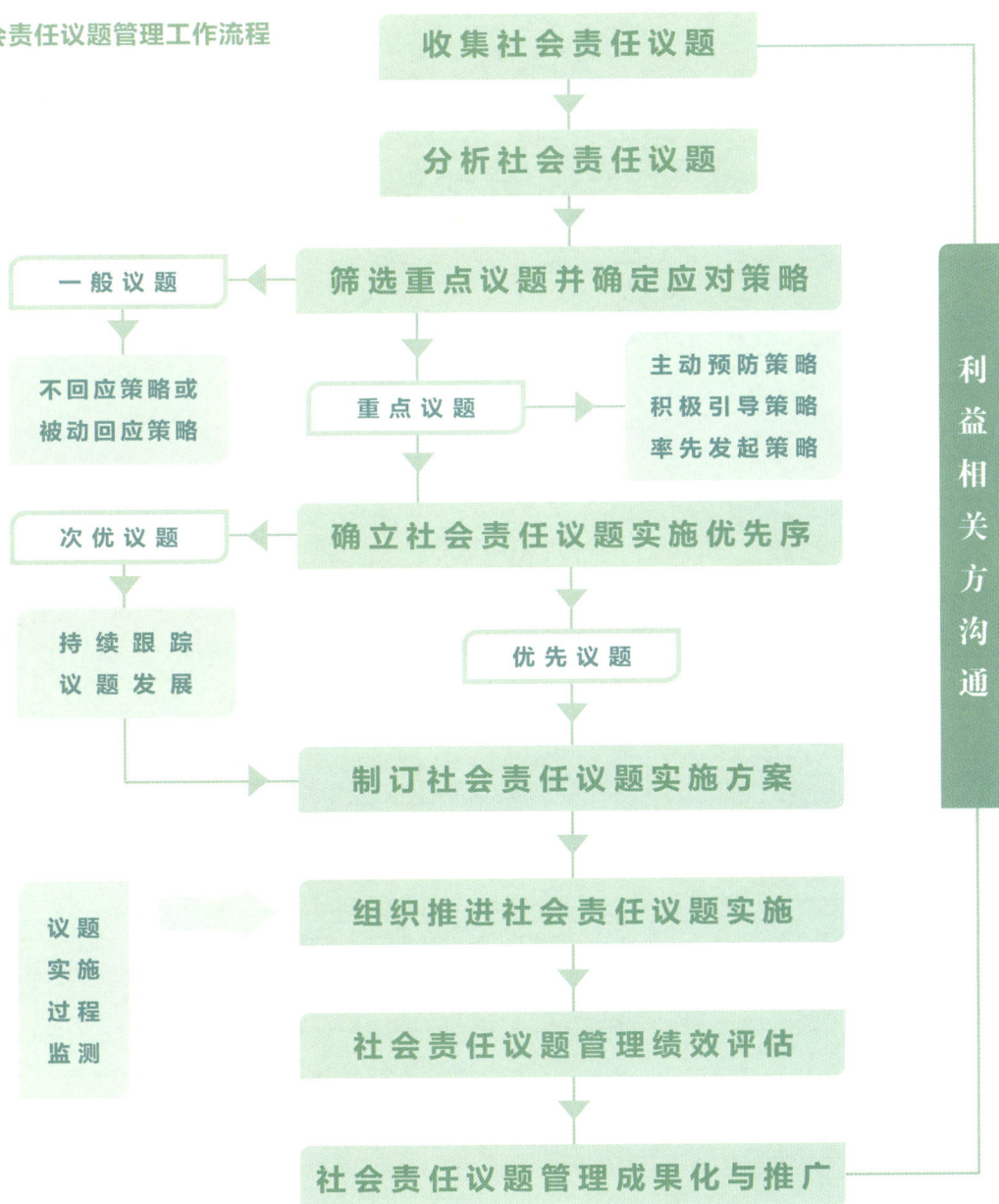

步骤一：收集社会责任议题

社会责任议题收集是实施社会责任议题管理的第一步，企业应多途径收集社会责任议题，为分析社会责任议题奠定基础。

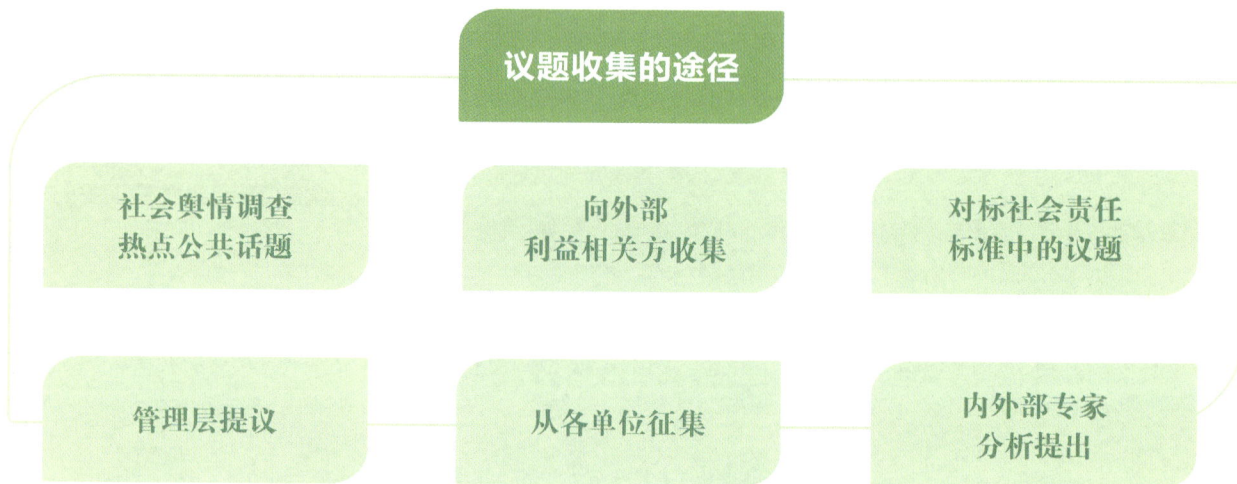

议题收集的途径

社会舆情调查 热点公共话题	向外部 利益相关方收集	对标社会责任 标准中的议题
管理层提议	从各单位征集	内外部专家 分析提出

步骤二：分析社会责任议题

对社会责任议题展开分析是社会责任议题管理的核心工作之一，也是决定后续工作的关键环节。社会责任议题分析包括利益相关方分析、价值分析、社会关注度分析、资源可得性分析和议题紧迫性分析等。

利益相关方分析

每一项社会责任议题都会对相应的利益相关方带来价值或影响。利益相关方分析就是要识别出该议题所影响的利益相关方有哪些、哪些是直接的影响、哪些是间接的影响、这些利益相关方对企业有着怎样的影响力等。

负责任采购的利益相关方分析

负责任采购影响的利益相关方包括电网企业所有的供应商以及受到供应商生产运营影响的员工、环境等相关者。

其中，电网企业的供应商是直接受影响群体，具体包括电力设备供应商、工程承包商、办公设施供应商以及咨询服务供应商等。这些供应商的履责表现直接影响着公司生产运营的安全、环保等履责绩效和社会形象。

受供应商生产运营影响的员工、环境等相关方是负责任采购的间接受影响群体。电网企业实施负责任采购有助于提高供应商履行社会责任的绩效，从而间接改善供应商的运营环境，提高供应商员工福利和环境绩效等。

价值分析

社会责任议题的价值是指社会责任议题对于社会或企业所贡献的价值，包括经济价值、社会价值、环境价值和对企业的竞争力价值。这些价值可能是正价值（即正面影响），也可能是负价值（即负面影响），也可能正、负价值同时存在。对于正、负价值同时存在的情况，就需要考虑议题的综合价值。社会责任议题的价值是决定议题重要性的关键指标。

大用户直购的价值分析

大用户直购是国家为进一步促进电力资源的市场化配置而制定的政策，是客观独立于电网企业之外同时对电网企业的经济效益有较大影响的议题。

经济社会价值
通过大用户直购，用电大户和发电企业之间直接签订购电协议，商定购电价格，有利于促进电力资源的市场化配置，降低用电成本。

企业竞争力价值
对于电网企业而言，大用户直购会在一定程度上影响电网企业的经济利益，增加电网企业的工作难度和电网安全风险。同时，大用户直购如果处理协调不当也会引起电网企业与用户、发电企业之间的矛盾冲突，给电网企业带来声誉上的影响。

社会关注度分析

社会关注度是议题受到利益相关方及社会公众关注和议论的程度，社会关注度可以反映议题所处的生命周期。社会关注度的分析通常是建立在对媒体报道解读、社会舆情监控、利益相关方调查等工作基础上。

重大活动保供电的社会关注度分析

重大活动本身就具有社会聚焦点的特性，受到社会的广泛关注。但对于重大活动的保供电，通常是仅在企业和直接与企业有合作的活动举办方之间受到很高的关注，一般公众感受不到电力对于重大活动的影响。该议题常规状态下的社会关注度一般。但如果一旦发生保供电失误的情况，社会关注度会陡然升高。

资源可得性分析

资源可得性是指企业实施某个议题所具备的资源条件，这些资源包括人力资源、资金资源、技术资源、合作资源、影响力资源等。资源可得性是决定议题实施优先序的重要参考维度之一。

防范大面积停电的资源可得性分析

防范大面积停电事故需要协调组织多方力量共同参与，包括发电企业、公安局、媒体、社会公众等。电网企业作为保障电网安全运行的主营单位，在防范大面积停电方面，具备较为充分的人力资源、技术资源以及资金预算。此外，作为一项涉及公共安全的重要议题，政府也赋予了电网企业在该议题上较多的资源权限，包括协调发电企业、公安部门和媒体之间的协作等。

议题紧迫性分析

议题实施的紧迫性是指某议题对企业而言实施的紧迫程度，对其分析主要是考虑该议题是否与企业的战略发展密切相关，是否与当前某个热点的话题或事件或诉求相关，企业如果不实施该议题将带来哪些影响等。紧迫性是决定议题实施优先序的重要参考指标之一。

电能替代的紧迫性分析

电能替代是国家电网公司为雾霾治理而提出的一项战略，是国家电网公司未来发展的战略任务之一，同时基于雾霾议题的敏感性和治理的急迫需求，如果不尽快实施该议题，有可能错过"以电代煤，以电代油"的最好时机，所以该议题的紧迫性极高。

步骤三：筛选重点议题并确定应对策略

对议题的筛选一般从对经济社会环境的价值和对企业自身的价值两个维度来共同衡量议题的重要性。社会责任重点议题筛选就是从当前收集的所有议题中选择出综合价值最高、对企业防范社会责任风险和提升责任竞争力最为有效的议题进行重点管理。

重点议题的应对策略根据其价值属性和生命周期可分别采用主动预防型、积极引导型或率先发起型；非重点议题则纳入企业议题管理库，以不回应或被动回应策略为主。

▼ 社会责任重点议题筛选矩阵

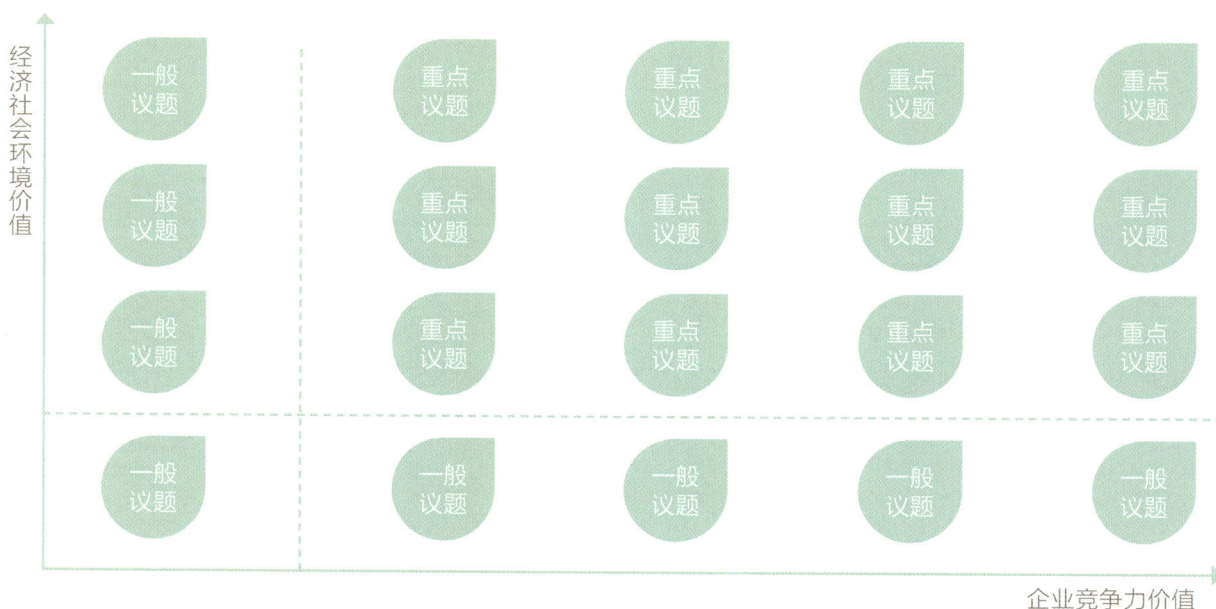

（纵轴：经济社会环境价值　横轴：企业竞争力价值）

一般议题	重点议题	重点议题	重点议题	重点议题
一般议题	重点议题	重点议题	重点议题	重点议题
一般议题	重点议题	重点议题	重点议题	重点议题
一般议题	一般议题	一般议题	一般议题	一般议题

步骤四：确立社会责任议题实施优先序

对于筛选出的社会责任重点议题，还要综合议题的类型和企业在该议题上所能发动的资源条件等因素，进行议题实施的优先序排列，区分出优先议题和次优议题。对优先议题编制社会责任议题实施方案并予以实施，对次优议题则纳入常规的跟踪监测管理，掌握议题发展的动向，在合适的时机或资源条件下再将其转换为优先议题进行重点实施。

▼ 议题优先序排列的原则

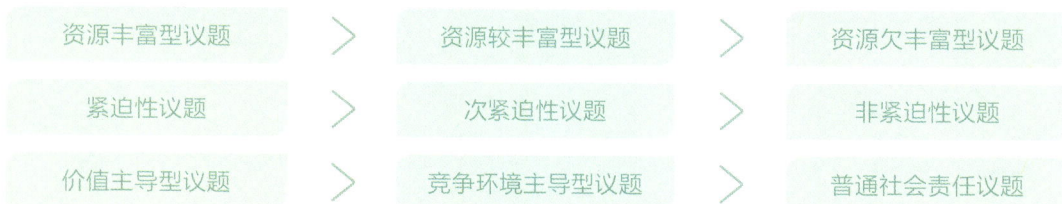

资源丰富型议题　＞　资源较丰富型议题　＞　资源欠丰富型议题

紧迫性议题　＞　次紧迫性议题　＞　非紧迫性议题

价值主导型议题　＞　竞争环境主导型议题　＞　普通社会责任议题

步骤五：制定社会责任议题实施方案

对筛选出的社会责任优先议题要制定系统完善的实施方案，实施方案包括的主要内容有：社会责任议题的现状评估，社会责任议题应对策略，详细的实施方案（包括社会责任管理提升方案、社会责任创新项目方案和社会责任沟通传播方案）和社会责任

议题实施的组织保障等。实施方案的制定应由议题归属的部门或单位制定完成并在咨询专家和利益相关方意见基础上通过上级部门的审批认可才能进入实施阶段。

▼　**社会责任议题实施方案子方案简介**

方案类型	适用情况	示例
社会责任管理提升方案	如果该议题的绩效提升依赖于公司内部管理制度、流程和机制的改进，则应制定相应的管理提升方案	例如提升客户服务水平的实施，就可以通过制定管理提升方案，从制度标准、业务流程等方面去改进当前的供电服务工作
社会责任创新项目方案	如果该议题与企业日常运营相对独立，其绩效的提升依赖于开展新的项目、研究或活动，则应制定相应的社会责任创新项目方案	例如战略性公益的实施，就需要从战略的高度专门策划相应的创新性公益项目，获得企业战略发展和社会影响力的双赢
社会责任沟通传播方案	如果该议题受到社会公众的误解或质疑，或企业需要通过沟通、传播等方式让利益相关方更充分地了解公司的履责行动，则应制订相应的社会责任沟通传播方案	例如电磁辐射的实施，就需要通过策划一系列沟通、传播活动来消除社会公众对于电力系统电磁辐射问题的误解，科学理性地认识电网发展的价值和影响

步骤六：组织推进社会责任议题实施

社会责任议题实施是将社会责任议题实施方案分解落实到具体的责任部门或单位予以执行并提供一系列组织、资源和制度支持的过程。社会责任议题实施应遵循部门联动和多方参与的原则，在具体执行过程中应充分协调和调动各方资源与优势，保持与

利益相关方的沟通，了解利益相关方对议题实施的意见建议和诉求。同时遵循动态管理原则，制定常态化的议题监测机制，密切跟踪议题实施的每一个阶段，定期分析议题实施的进展、成效和问题并进行修正。

步骤七：社会责任议题管理绩效评估

为最大限度发挥各部门机构的职责和参与议题管理的积极性，确保社会责任议题管理机制的落地，有必要建立规范的考核程序，对社会责任议题实施项目组、社会责任工作机构和各职能部门及子公司在全年议题管理中发挥的职责和取得的成效进行评估与考核。社会责任议题管理的绩效评估与社会责任议题实施中的监测评估是两套不同的评估程序。

▼ 社会责任议题管理绩效评估与议题实施监测评估的区别

评估程序	社会责任议题实施监测评估	社会责任议题管理绩效评估
评估对象	议题实施项目组	议题实施项目组、社会责任工作机构、各职能部门及子公司
评估周期	议题实施的前期、中期和后期	每年年底评估一次
评估内容	议题实施的资源条件、推进进度、经济社会环境绩效、对企业的影响等	各评估对象在议题管理中的尽责情况、发挥的作用和取得的成效
评估作用	确保社会责任议题顺利实施，评估议题的经济社会及环境效益	提高各评估对象参与议题管理的积极性，确保社会责任管理机制的落地

步骤八：社会责任议题管理成果化与推广

社会责任议题管理是一种新型的管理方式，无论对企业还是业界而言都是一个新兴事物。有必要将社会责任议题管理的经验成效进行总结提炼并编制成手册、案例集或书籍等成果，再通过发表学术文章、参与社会交流活动，开办社会责任议题管理论坛等多种形式企业内外部广泛传播和推广，提高议题管理的理论和实践水平。

社会责任议题管理的成果化 ▶

成果类型	具体内容	成果形式
管理成果	▶ 对社会责任议题管理总体的经验方法总结 ▶ 对单个社会责任议题实施中的管理提升项目的经验方法总结	▶ 案例集 ▶ 管理手册 ▶ 书籍
实践成果	▶ 对单个社会责任议题实施中的经验、方法和案例总结 ▶ 对单个社会责任议题实施过程的记录和整理	▶ 案例集 ▶ 视频 ▶ 履责实践报告
工具成果	▶ 对社会责任议题管理工具的应用经验总结与改进	▶ 工具集 ▶ 书籍

社会责任议题
管理的策略选择

社会责任议题
管理的工作流程

推进社会责任议题
管理的组织程序

推进社会责任议题管理的组织程序

推进社会责任议题管理的组织模式

企业的社会责任议题管理需要有专门的机构和人员来组织、统筹和协调，议题管理的操作模式主要分为职能化模式和项目制模式两种。

职能化模式

职能化模式是基于企业现有的社会责任管理组织结构和运作机制，由社会责任管理机构负责议题的组织、统筹、协调和监测评估，具体的议题实施分解到各个职能部门和下属单位。职能化模式的组织结构较为松散，工作效率和资源配置能力相对欠缺。

▼ **议题管理的组织模式——职能化模式**

议题管理总体部署、审批和决策	----	社会责任管理领导机构
议题管理的组织协调和监督、重要议题筛选、议题管理成果化推广等	----	社会责任管理工作机构
议题的收集、分析和具体实施	----	各职能部门　　下属单位

项目制模式

项目制的组织模式是在确定议题实施的优先序之后，针对需要实施的优先议题，成立专门的工作团队，确保每个优先议题都以项目运作的形式在企业中推进和落实。议题实施的工作团队来自企业各个职能部门和子公司。项目制的组织模式更利于议题管理的顺畅高效开展，但需要更高的人力和物力投入。

▼ **议题管理的组织模式——项目制模式**

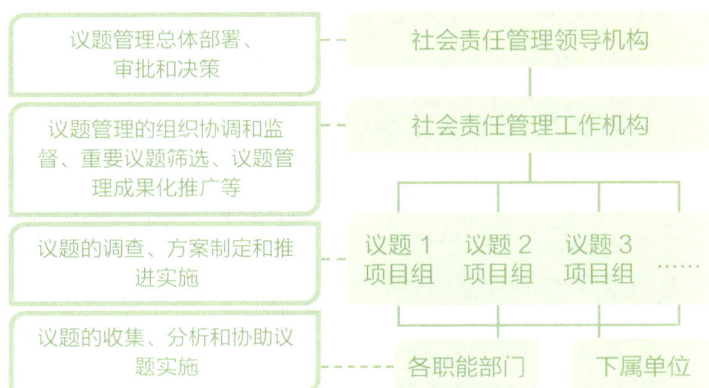

议题管理总体部署、审批和决策		社会责任管理领导机构
议题管理的组织协调和监督、重要议题筛选、议题管理成果化推广等		社会责任管理工作机构
议题的调查、方案制定和推进实施		议题1　议题2　议题3　……项目组　项目组　项目组
议题的收集、分析和协助议题实施	----	各职能部门　　下属单位

推进社会责任议题管理的工作机制

推进社会责任议题管理需要企业内外部的多方参与和协同配合，下面以项目制组织模式为例，介绍企业在推进社会责任议题管理中各个层级的工作职责和汇报关系。

▼ **企业推进社会责任议题管理工作机制**

社会责任领导机构

汇报　　管控

外部咨询专家　　社会责任工作机构　　利益相关方

配合　　组织、协调　　参与

协助

职能部门与子公司

配合

议题实施项目组

社会责任管理领导机构

社会责任管理领导机构一般是指企业社会责任管理委员会、社会责任管理领导小组等由企业高层领导班子组成的管理团队，负责企业社会责任管理的总体决策和审批等职责。在社会责任议题管理领域，企业社会责任管理领导机构的主要职责包括：

▶ 总体部署企业的议题管理安排和工作要求；

▶ 在重点议题筛选和确定议题实施优先序方面参与评估打分；

▶ 审批优先议题的实施方案；

▶ 对议题实施提供资源支持；

▶ 负责议题管理的绩效考核；

▶ 在企业中全面推广议题管理成果等。

社会责任管理工作机构

社会责任管理工作机构是指社会责任部、社会责任处、社会责任推进工作小组等由企业专门成立的负责社会责任管理相关事宜的执行机构。在社会责任议题管理领域，该机构的主要职责包括：

▶ 组织各职能部门和子公司收集社会责任议题并申报；

▶ 组织企业管理层和内外部专家进行重点议题筛选并确立实施优先序；

▶ 组织议题实施方案的申报；

▶ 为议题实施提供资源、技术和智力支持；

▶ 负责议题实施的过程监督；

▶ 负责议题管理的成果化及推广等。

各职能部门和子公司

各职能部门与子公司是社会责任议题管理的主体执行机构，主要职责包括：

▶ 负责社会责任议题收集、分析与申报；

▶ 针对筛选确立的优先议题，抽调人员成立相应的项目组；

▶ 协助优先议题项目组推进议题方案的实施；

▶ 对其他议题开展常规的监测、信息收集和必要的沟通活动；

▶ 协助参与议题管理的成果化及推广等。

外部咨询专家

外部咨询专家主要是指社会责任领域的专家，作为一支外部的专业力量，在社会责任议题管理中担当着支持、协助和辅助决策等职责。其主要职责包括：

▶ 为企业提供社会责任议题；

▶ 协助议题重要性筛选和优先序确定；

▶ 协助社会责任议题实施方案的编制；

▶ 协助社会责任议题实施过程中的问题解决；

▶ 协助社会责任议题实施绩效评估；

▶ 协助社会责任议题管理的经验总结与成果化等。

优先议题项目组

优先议题项目组是针对筛选评选出来的当年优先实施的若干项议题而组建的项目组，一般一个议题成立一个项目组。项目组成员结合议题实施的需要从各职能部门、子公司以及社会责任管理工作机构中抽调。议题实施结束后，项目组则相应解散，在来年的议题管理中，结合新的议题成立新的项目组。其主要职责包括：

▶ 开展议题现状调查并制定议题实施方案；

▶ 全程负责议题的实施与推进；

▶ 负责议题管理成果的总结和编制；

▶ 负责议题实施过程的利益相关方沟通与参与活动等。

利益相关方

管理过程的开放性是社会责任议题管理的特征，这就决定了利益相关方在整个议题管理中的重要性和广泛参与性。利益相关方参与企业社会责任议题管理的主要方式包括：

▶ 在议题收集环节，提出对企业感兴趣的社会责任议题；

▶ 在优先议题的实施方案编制环节，接受项目组的调查，提供关于议题实施的意见和诉求；

▶ 在议题实施环节，了解参与相关沟通、传播活动；

▶ 在议题管理成效评估环节，接受开展利益相关方满意度调查；

▶ 在议题管理成果化推广环节，了解参与相关的推广活动等。

实务篇

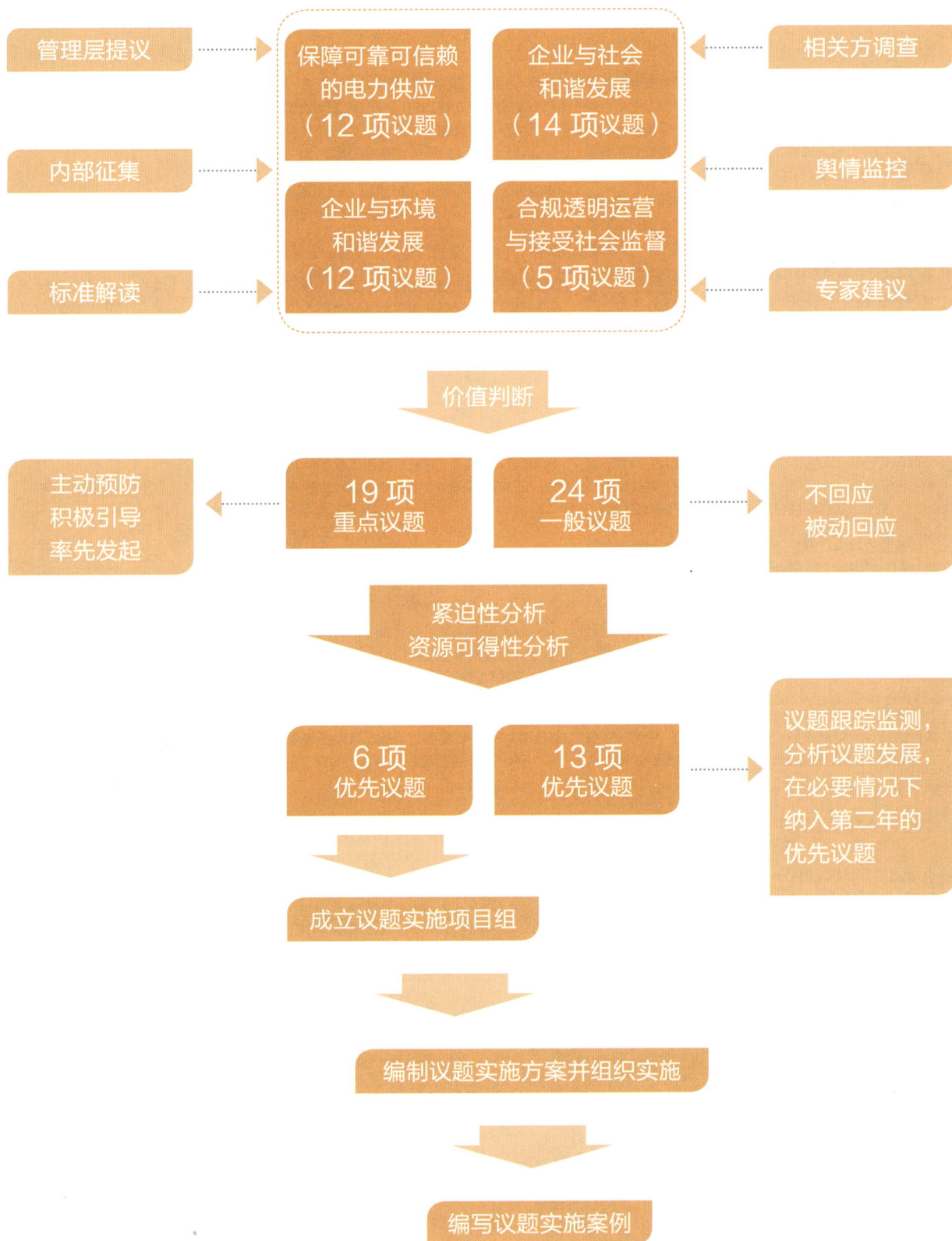

管理层提议	保障可靠可信赖的电力供应（12 项议题）	企业与社会和谐发展（14 项议题）	相关方调查
内部征集	企业与环境和谐发展（12 项议题）	合规透明运营与接受社会监督（5 项议题）	舆情监控
标准解读			专家建议

价值判断

| 主动预防积极引导率先发起 | 19 项重点议题 | 24 项一般议题 | 不回应被动回应 |

紧迫性分析
资源可得性分析

| 6 项优先议题 | 13 项优先议题 | 议题跟踪监测，分析议题发展，在必要情况下纳入第二年的优先议题 |

成立议题实施项目组

编制议题实施方案并组织实施

编写议题实施案例

供电企业社会责任议题管理的意义

社会责任议题管理是创新社会责任管理的抓手，是更具针对性和更有着力点的社会责任管理手段，也是近年来社会责任管理的新兴领域。供电企业开展社会责任议题管理的探索和尝试，不仅是落实国家电网公司社会责任根植项目制的需要，也是对全面社会责任管理的创新和开拓，有利于更好地推进社会责任根植的质量和效率，更好地提升企业社会责任绩效，更好地管控企业社会责任风险，更好地塑造企业责任品牌形象，树立在国家电网地（市）级电力公司中的责任标杆。

更好地推进社会责任根植

树立国家电网公司系统内的责任标杆

更好地提升社会责任绩效

更好地塑造社会品牌形象

更好地管控社会责任风险

▲ **供电企业社会责任议题管理的意义**

供电企业实施社会责任议题管理的目标

社会责任议题管理作为一项新的社会责任管理模式，其管理的方法、流程和工具等都需要实践的检验和改进。供电企业实施社会责任议题管理的目标是深化企业全面社会责任管理，持续提升企业综合价值创造能力。

成为国家电网公司内部社会责任议题管理的开拓者和典范

为企业建立一个系统的、完备的、覆盖各领域的社会责任议题库并持续更新

探索一套适用于地（市）级电力公司的社会责任议题管理机制

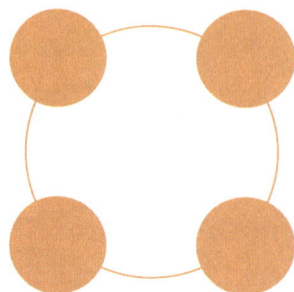

全方位提升企业履责意识和能力、社会责任绩效水平和责任品牌形象

▲ **供电企业实施社会责任议题管理的目标**

供电企业实施社会责任议题管理的原则

供电企业社会责任议题管理应该遵循立足本业、以点带面、差异化策略、动态管理、部门联动和多方参与的基本原则。

企业开展社会责任议题管理应立足本业，围绕企业"为社会提供可靠可信赖的电力供应"这一中心工作，从工作中去发现议题、认识议题，改善议题的绩效，让社会责任议题管理与企业的生产运营管理相互融合与促进。

企业涉及的社会责任议题繁多，而实施社会责任议题管理能投入的资源有限，所以有针对性、有重点地选择个别关键议题进行试点管理，各个突破，以点带面，逐步提高企业的社会责任议题管理水平。

社会责任议题管理遵循应该持续动态管理原则，主要体现在两个方面，一是对议题本身的发展阶段进行密切地跟踪分析，二是对议题管理的过程实施动态的监测，及时掌握议题管理的绩效和问题并作出修正。

社会责任议题管理策略应建立在对企业社会责任议题的类型、特征和涉及的利益相关方与经济社会环境影响面的充分分析基础上，不同的议题应结合实际制定不同的应对策略，实施差异化管理。

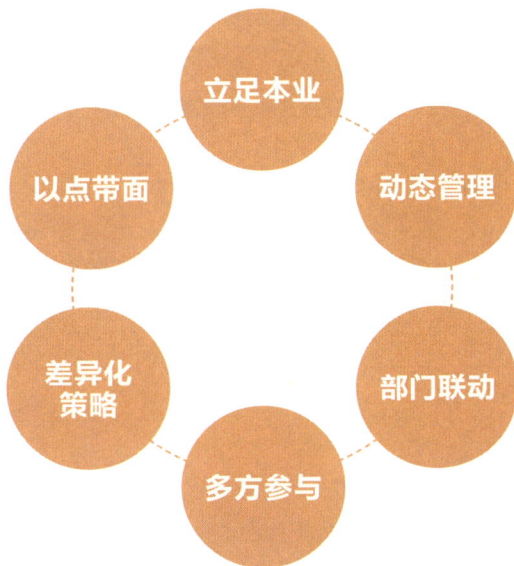

社会责任议题管理是一项系统工程，虽然不同的议题由不同的部门重点负责，但在具体的管理过程中，需要得到各个部门的支持与合作，是一项跨界多元的管理工作。

社会责任议题往往与利益相关方的权益密切相关，在管理过程中需要充分纳入利益相关方的意见和期望，开展利益相关方沟通和参与活动，确保议题管理能切实服务于利益相关方，改善企业与利益相关方的关系。

立足本业　动态管理　部门联动　多方参与　差异化策略　以点带面

▲ **供电企业推进社会责任议题管理的原则**

供电企业实施社会责任议题管理的组织程序

供电企业社会责任议题管理将采取项目制的组织模式，并按照以下十个步骤开展：社会责任议题管理总体部署、社会责任议题收集、社会责任议题分析与申报、重点议题筛选与应对策略确定、制定议题实施的优先序、成立优先议题项目组、编制议题实施方案并审批、社会责任议题实施、议题管理绩效评估与考核和议题管理成果化推广。

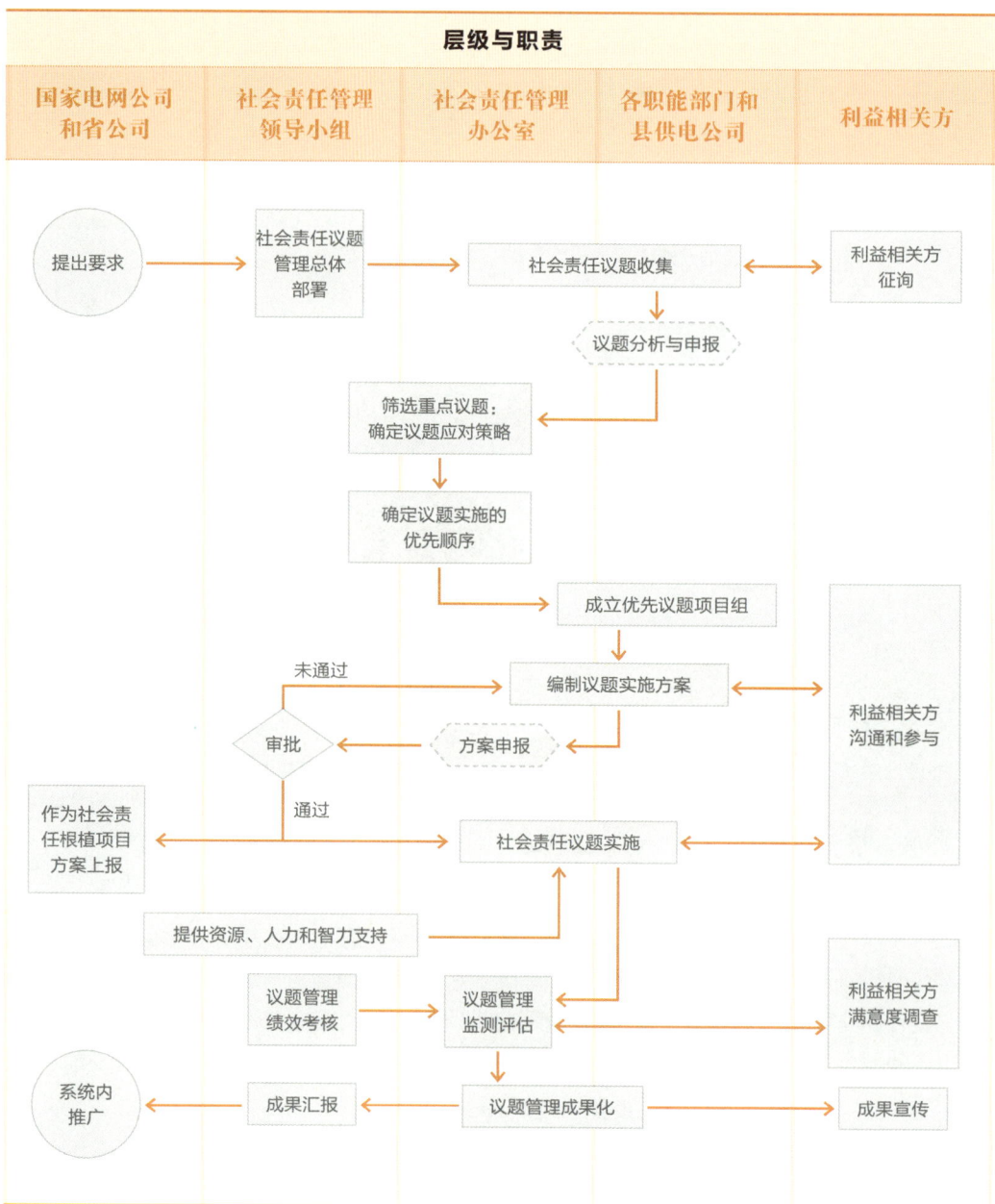

▲ **供电企业社会责任议题管理的组织程序**

步骤一：社会责任议题管理总体部署

负责机构：社会责任领导班子
协助机构：社会责任管理办公室
工作内容：

▶ 结合国家电网公司和省公司要求起草社会责任议题管理总体工作方案；
▶ 方案编制完成后在企业中召开社会责任议题管理工作大会，明确议题管理的工作任务和要求；
▶ 借助外部咨询专家开展社会责任议题管理培训，介绍议题管理的流程、方法、工具和案例。

步骤二：社会责任议题收集

负责机构：各职能部门和县供电公司
协助机构：社会责任管理办公室
工作内容：

▶ 各职能部门和县供电公司根据社会责任议题的定义和特征，并结合所在岗位的职能定位、日常工作等，识别并收集自身相关的社会责任议题，每个职能部门应至少收集 3~5 个议题；
▶ 社会责任管理办公室通过分析社会责任标准规范、征询高层管理者意见、开展利益相关方调查等方式补充收集企业的社会责任议题并分配给相关的职能部门或县供电公司；
收集到的每项议题都要标明议题来源，并建立议题档案，纳入常态化的监测和管理。

步骤三：社会责任议题分析与申报

负责机构：各职能部门和县供电公司
协助机构：社会责任管理办公室
工作内容：

▶ 各职能部门和县供电公司将各自收集和分配的社会责任议题按照规范的议题分析框架进行初步分析，填写议题申报表并提交社会责任管理办公室汇总；
▶ 议题分析要尽可能详尽、论据充分、结论明确，为后续议题筛选和优先序排列奠定基础。

步骤四：重点议题筛选与应对策略确定

负责机构：社会责任管理办公室
协助机构：社会责任领导班子、外部咨询专家
工作内容：

▶ 社会责任管理办公室负责建立重要议题筛选的评价指标和评估程序，由社会责任领导班子、外部咨询专家等共同参与对议题的评估，综合评出年度重要社会责任议题；
▶ 对不同的议题结合其生命周期和价值，确定议题的应对策略。对于非重要的社会责任议题，一般采用不回应或被动回应策略；对于重要议题，则根据议题特征采用主动预防策略、积极引导策略或率先发起策略。

步骤五：制定议题实施的优先序

负责机构：社会责任管理办公室
协助机构：社会责任领导班子、外部咨询专家
工作内容：

▶ 社会责任管理办公室负责建立议题实施优先序的评价指标和评估程序，由社会责任领导班子、外部咨询专家共同对筛选出的重点议题的优先序进行评估，综合评出年度优先议题；
▶ 为最大化资源效率，一般优先议题的数量在 4~6 个即可；
▶ 对于优先议题，成立专项工作团队开展议题的策划、实施和传播；对于非优先议题，则给予常态化监测或纳入公司日常工作。

步骤六：成立优先议题项目组

负责机构：社会责任管理办公室
协助机构：各职能部门和县供电公司
工作内容：

▶ 社会责任管理办公室根据确定出的年度社会责任优先议题，组织成立议题实施项目组，一个议题成立一个专门的项目组；
▶ 根据议题实施的需要，项目组成员从各职能部门与县供电公司中抽调，社会责任管理办公室的员工也可参与到相应的项目中；
▶ 项目组的组长由跟议题最为相关的职能部门或县供电公司的负责人担任，项目组成员的工作背景应与议题相符，成员数量至少应在 5 人以上。

步骤七： 编制议题实施方案并审批

负责机构： 议题实施项目组

协助机构： 社会责任领导班子、各职能部门和县供电公司、社会责任管理办公室、外部咨询专家

工作内容：

▶ 针对评选出的每一项优先议题，都要编制单独的实施方案。实施方案的编制将由相应的议题实施项目组负责完成；

▶ 在制订实施方案之前，需要开展对议题的利益相关方及议题实施的内外部环境进行调查和分析，掌握议题实施的现状和面临的问题，有针对性地制订议题实施方案，包括管理改进方案、社会责任创新项目方案、沟通传播方案等；

▶ 议题实施方案的编制可借助职能部门和县供电公司、社会责任管理办公室以及外部咨询专家的力量等；

▶ 议题实施方案编制完成后应提交社会责任管理办公室，由社会责任管理办公室组织公司社会责任领导班子、外部咨询专家等对方案进行审批，审批通过后纳入实施程序，审批不过的继续修改完善直至通过为止；

▶ 审批通过的议题实施方案同时作为社会责任根植项目方案上报给省公司和国家电网公司。

步骤八： 社会责任议题实施

负责机构： 议题实施项目组

协助机构： 国家电网公司和省公司、公司社会责任领导班子、各职能部门和县供电公司、社会责任办公室、外部咨询专家

工作内容：

▶ 社会责任议题的实施将由议题实施项目组在实施方案的指导下推进落实，国家电网公司、省公司、公司领导班子、各级职能部门及县供电公司等其他机构将结合实际需要为议题实施提供人力、资金、技术或政策等多方面保障和支持；

▶ 议题实施全过程应注重与利益相关方的沟通，确保将利益相关方的意见诉求纳入议题实施程序；

▶ 社会责任管理办公室应建立一套监测评估程序，对议题实施过程进行全面监督，及时纠正议题实施中存在的偏差或问题，保障议题实施的绩效。

步骤九： 议题管理绩效评估与考核

负责机构： 社会责任领导班子

协助机构： 议题实施项目组、社会责任管理办公室、各职能部门及县供电公司

工作内容：

▶ 社会责任领导班子在每年年末对各议题实施项目组的议题成果进行评优，同时，对社会责任管理办公室以及职能部门和县供电公司在议题管理中发挥的职责和绩效进行考核；

▶ 议题实施项目组以填写绩效考核表、组织汇报会、开展抽样调查等方式进行考核；社会责任管理办公室以填写绩效考核表为主；职能部门和县供电公司以填写绩效考核表和提交相关资料相结合的方式进行考核。

步骤十： 议题管理成果化推广

负责机构： 议题实施项目组、国家电网公司和省公司

协助机构： 社会责任领导班子、各职能部门和县供电公司、社会责任管理办公室

工作内容：

▶ 议题实施项目组在议题完成之后应结合议题实施的进展分阶段开展议题管理成果总结，提炼议题管理的理论和方法，编制议题管理典型案例，形成书籍、案例集和手册等多种成果；

▶ 国家电网公司和省公司将对供电企业社会责任议题管理的成果进行评估并向内外部进行推广和宣传，将议题管理的理念和方法在其他企业中推广应用。

供电企业社会责任议题的识别、分析与筛选

供电企业社会责任议题识别与分析

供电企业以国家电网公司的社会责任主题为基础，采用"社会责任＋"的方法，即用社会责任思想综合考虑核心业务、运营管理等所有企业行为，融入融合社会责任理念、方式、方法，实现综合价值提升。分别对保障可靠可信赖的电力供应、企业与社会和谐发展、企业与环境和谐发展、合规透明运营与接受社会监督等四大社会责任主题下的重点议题进行识别和分析。

主题一：保障可靠可信赖的电力供应

在保障可靠可信赖的电力供应主题下，共收集社会责任议题12项，对其进行分类，并对每类议题展开详细解读和分析。

▼ **保障可靠可信赖电力供应的议题名单及分类**

议题来源	议题名称	议题类型
营销部收集	议题 1-1：推广智能电能表	价值链主导型
利益相关方调查	议题 1-2：重大活动保供电	价值链主导型
利益相关方调查	议题 1-3：农网升级改造	价值链主导型
农电部收集	议题 1-4：保障设施农业用电需求	价值链主导型
运检部收集	议题 1-5：提高供电质量	价值链主导型
运检部收集	议题 1-6：供电快速抢修	价值链主导型
利益相关方调查	议题 1-7：居民阶梯电价	价值链主导型
社会舆情调查	议题 1-8：大面积停电事故	价值链主导型
管理层提议	议题 1-9：保护电力设施	竞争环境主导型
管理层提议	议题 1-10：协调社会资源提高应急处置能力	竞争环境主导型
利益相关方调查	议题 1-11：大用户直购	竞争环境主导型
运检部收集	议题 1-12：打击违法窃电	竞争环境主导型

议题1-1：推广智能电能表

智能电能表是智能电网的智能终端，除了具备传统电能表基本用电量的计量功能以外，为了适应智能电网和新能源的使用它还具有双向多种费率计量功能、用户端控制功能、多种数据传输模式的双向数据通信功能、防窃电功能等智能化的功能，智能电能表代表着未来节能型智能电网最终用户智能化终端的发展方向。

议题分析框架	分析内容
利益相关方	智能电能表的推广将主要影响安装智能电能表的广大用户和智能电能表的供应商。
议题的价值	智能电能表的安装是信息化、智能化发展的必然趋势，有利于提高电费计量与交费的智能化与效率，提升用户的用电品质，该议题具有较高的社会价值。
社会关注度	推广智能电能表关系千家万户的用电便利，对智能电能表的正面作用和负面消息也层出不穷，该议题社会关注度很高。

议题1-2：重大活动的保供电

随着社会经济的蓬勃发展，地方重大政治经济活动越来越多，对电网安全可靠供电要求也越来越高。通过集中资源、多方协调和配合以确保重大活动的供电工作万无一失就成为电网企业履行社会责任的重点议题之一。

议题分析框架	分析内容
利益相关方	重大活动的保供电主要影响的利益相关方是活动的举办方以及参加活动的每一位成员。保供电工作对于活动举办的顺利、成败以及参与者的安全都有较大影响。
议题的价值	重大活动保供电对于改善电网企业与地方政府关系、提升电网企业社会公众形象具有重要意义。议题具有很高的社会价值。但是重大活动保供电如果发生闪失，也会对企业的形象造成损害，因此也需要对该题从消极型议题的角度进行分析和考虑应对策略。
社会关注度	重大活动本身就具有社会聚焦点的特性，受到社会的广泛关注。但对于重大活动的保供电，通常仅在企业和直接与企业有合作的活动举办方之间受到很高的关注，一般公众感受不到电力对于重大活动的影响。该议题常规状态下的社会关注度一般。但如果一旦发生保供电失误的情况，社会关注度会陡然升高。

议题 1-3：农网升级改造

农村电网由于技术经济条件所限，往往存在供电能力不足、供电质量不稳等问题，
升级改造农村电网、提升农村供电质量是促进三农发展和新农村建设的重要任务，
也是供电企业履行社会责任的重要议题。

议题分析框架	分析内容
利益相关方	该议题影响的利益相关方主要是广大的农村居民、农业生产基地和农村企业以及电力设备制造商等。
议题的价值	促进农村电网的改造升级一方面有助于提升农村居民的生产生活用电品质，促进城乡协调发展；另一方面也有助于拉动投资，促进包括电力设备制造商等供应商在内的经济主体的经济效益。该议题具有极高的社会价值。
社会关注度	对农网升级改造的关注对象主要是地方政府、农村广大居民、电力设备供应商和关心农村发展的社会公众，该议题的社会关注度较高。

议题 1-4：保障设施农业用电需求

设施农业是在环境相对可控条件下，采用工程技术手段，进行动植物高效生产的
一种现代农业方式。在这种农业生产模式下，持续稳定可靠的电力能源保障是其
中的关键因素，不仅关系到农业生产方式的改变，更关系到我国农业的可持续发展。

议题分析框架	分析内容
影响范围	该议题影响的利益相关方主要是设施农业相关农民。
议题的价值	贴心及时的电力保障和服务将对设施农业的发展奠定坚实基础。做好设施农业的电力保障不仅有利于企业自身的经济效益，也有利于企业树立良好公众形象。该议题具有极高的社会价值。
社会关注度	对设施农业的关注群体主要是地方政府和广大农民自身，以及关心寿光设施农业发展的人群，该议题的社会关注度较高。

议题 1-5：提高供电质量

供电质量是指提供合格、可靠电能的能力和程度，包括电能质量和供电可靠性两个方面，也就是尽力保证电压稳定和减少停电时间。提高供电质量是广大用电客户的根本诉求，也是电网企业孜孜不倦地改进工作水平的一项重要指标和议题。

议题分析框架	分析内容
利益相关方	该议题影响的利益相关方主要是广大的用电客户，包括居民用户和企业用户等。
议题的价值	供电质量对工业和公用事业用户的安全生产、经济效益和人民生活有着很大的影响。供电质量恶化会引起用电设备的效率和功率因数降低，损耗增加，寿命缩短，产品品质下降，电子和自动化设备失灵等。因此，尽力提高供电质量具有极高的社会价值。
社会关注度	对供电质量的关注群体一般集中在对供电质量高度依赖和敏感的部分企业用户，该议题的社会关注度一般。

议题 1-6：供电快速抢修

对于因线路或设备故障等原因造成的紧急停电，如何在最短时间内快速响应、快速到达现场实施抢修，尽快恢复供电是广大用户对电网企业的殷切期盼和根本诉求，也是公司面临的一项重要议题。

议题分析框架	分析内容
利益相关方	该议题影响的利益相关方主要是受停电影响的用户，包括居民用户和企业用户等。
议题的价值	供电快速抢修的根本意义是努力将停电带来的损失降低到最小，切实保障用户的用电安全和用电质量，该议题具有较高的社会价值。
社会关注度	对该议题的关注群体一般是在发生停电的情况下直接受停电影响的广大用户，尤其是对电力极其依赖，受停电影响巨大的那部分用户，该议题的社会关注度较高。

议题 1-7：居民阶梯电价

居民阶梯电价是指将单一形式的居民电价，改为按照用户消费的电量分段定价，用电价格随用电量增加呈阶梯状逐级递增的一种电价定价机制。居民阶梯电价政策从 2012 年 7 月 1 日全面实施，目前已稳定实施了近 5 年的时间。

议题分析框架	分析内容
利益相关方	执行居民阶梯电价政策主要影响到广大用电居民、发电企业和电网企业自身。
议题的价值	用电量较大的居民用电成本会有所提高，而对于发电企业和电网企业来说，阶梯电价有利于更好地实现电力资源的价值，同时执行阶梯电价间接上促进了居民节约用电，对环境和资源都有正面的影响。该议题社会价值较高。
社会关注度	居民阶梯电价影响到广大用电居民的切身利益，其社会关注度极高。

议题 1-8：大面积停电事故

大面积停电事故是指因自然灾害、外力破坏或生产事故等原因引起的连锁反应而导致的区域电网大面积停电。大面积停电事故与电网企业和广大公众的利益休戚相关，其社会影响恶劣、破坏性大，是电网企业首要防范的内容。

议题分析框架	分析内容
利益相关方	大面积停电事故影响的是停电范围内除有自备电源外的所有居民、工厂、学校和商店等。
议题的价值	在电力如此深入人民生活的今天，大面积停电事故带来的不仅仅是照明的影响，还有对生活、工作、娱乐、出行等一切活动的影响。大面积停电事故如果处理不及时，还可能引发犯罪和社会不稳定事件，造成更大范围的破坏和影响。因此，该议题的社会影响度极大。
社会关注度	大面积停电事故作为一项公共危机事件，不仅仅在直接受影响的人群范围内得到关注，整个社会都会给予关心和参与讨论，因此，该议题的社会关注度极高。

议题 1-9：保护电力设施

保护电力设施对供电安全具有重要的意义，也是电网企业安全运行的基础。国务院于 2011 年 1 月 8 日发布《电力设施保护条例（第二版）》，明确规定任何单位和个人都有保护电力设施的责任和义务；电力设施的保护应实行电力管理部门、公安部门、电力企业和人民群众相结合的原则。为此，保护电力设施成为一项重要的公共议题。

议题分析框架	分析内容
利益相关方	保护电力设施影响的利益相关方包括供电企业、公安部门和其他所有单位和个人。
议题的价值	保护电力设施是一项公共议题，需要广大人民群众的协助和配合。如何培育良好的电力设施保护氛围，让每位公众能自觉尊重电力设施保护的法律法规，主动参与到对电力设施保护的监督和举报，形成"政府—企业—公众"互动的良性工作机制对于电网企业自身的安全和发展都具有重要意义。该议题对企业的价值度极高。
社会关注度	电力设施保护是一个需要得到广大公众广泛关注的议题，但是目前，对于电力设施保护的关注更多集中在公安部门和电网企业自身，因此，该议题的社会关注度一般。

议题 1-10：协调社会资源提高应急处置能力

"协调社会资源提高应急处置能力"是指电网企业在处理如大面积停电、电力故障抢修、自然灾害等应急事件中，尽可能协调和发挥上下游企业、地方政府、广大用户和媒体等各个利益相关方的资源和能力共同应对应急事件。这是电网企业处理应急事件的新理念，也是由电网企业自身发起的一项社会责任议题。

议题分析框架	分析内容
利益相关方	该议题影响的利益相关方包括电网企业自身、上下游企业、地方政府、媒体和广大用户及公众。
议题的价值	充分发挥和动员社会资源共同应对电网企业运营过程中发生的各类事故或灾害，让问题的处理在信息充分交流、资源充分共享、情感充分认同的状态下进行，有利于更加快速、高效、透明地处理应急事件，提高企业运营的安全性，也增加社会对企业的理解和认同。该议题对企业的价值度极高。
社会关注度	一般在联合处理应急事件的过程中，会得到地方政府等相关方的一定关注，但总体来说该议题的关注度较小，需要进一步提升公众对该议题的了解和参与。

议题 1-11：大用户直购

大用户直购电工作，是指电厂和终端购电大用户之间通过直接交易的形式协定购电量和购电价格，然后委托电网企业将协议电量由发电企业输配给终端购电大用户，并另支付电网企业所承担的输配服务。直购电工作是对现有电力销售机制的一种改革尝试，通过在发电和售电侧引入竞争机制，促进建立开放的电力市场。

议题分析框架	分析内容
利益相关方	大用户直购电影响的利益相关方主要是用电大户、发电企业以及电网企业自身。
议题的价值	大用户直购是国家为进一步促进电力资源的市场化配置而制定的政策，是客观独立于电网企业之外，同时对电网企业的经济效益有较大影响的议题。通过大用户直购，用电大户和发电企业之间直接签订购电协议，商定购电价格，有利于促进电力资源的市场化配置，降低用电成本。但是对于电网企业而言，大用户直购会在一定程度上影响电网企业的经济利益，增加电网企业的工作难度和电网安全风险。同时，大用户直购如果处理协调不当也会引起电网企业与用户、发电企业之间的矛盾冲突，给电网企业带来声誉上的影响。因此，该议题对企业影响很大。
社会关注度	大用户直购作为国家提出的一项政策，体现了对电力市场化改革、国企改革的要求，虽然受该议题影响的主要是个别用电大户和发电企业，但是其受到的关注远远超过直接受影响的范围，该议题社会关注度很高。

议题 1-12：打击违法窃电

违法窃电是指非法占用电能，以不交或者少交电费为目的，采用非法手段不计量或者少计量用电的行为。打击防范违法窃电是电网企业的重要工作之一。

议题分析框架	分析内容
利益相关方	违法窃电影响的利益相关方主要是电网企业自身以及广大用户。
议题的价值	违法窃电不仅仅伤害电网企业的经济利益和用户的公平用电，还会对电网的安全稳定运行以及窃电者自身的人身安全造成影响，进而导致更大的社会危害。因此，该议题的社会影响度极大。
社会关注度	目前，对违法窃电的关注大多是电网企业自身，公众对于违法窃电的危害和与自身的切身关系还不够了解，社会关注度较低。需要加大宣传力度让更多公众参与遵守电力法规，主动抵制和防范违法窃电行为。

主题二：企业与社会和谐发展

在企业与社会和谐发展主题下，共收集社会责任议题 14 项，对其进行分类，并对每类议题展开详细解读和分析。

▼ **企业与社会和谐发展议题名单及分类**

议题来源	议题名称	议题类型
社会责任标准	议题 2-1：负责任采购	价值链主导型
利益相关方调查	议题 2-2：公平竞争	价值链主导型
营销部收集	议题 2-3：安全用电	价值链主导型
营销部收集	议题 2-4：提升供电服务水平	价值链主导型
管理层提议	议题 2-5：对接全市重点项目	价值链主导型
利益相关方调查	议题 2-6：拓宽交费渠道	价值链主导型
社会舆情调查	议题 2-7：电网建设中的征地拆迁	价值链主导型
管理层提议	议题 2-8：参与社会治理	竞争环境主导型
社会责任专家提议	议题 2-9：战略性公益	竞争环境主导型
社会责任标准	议题 2-10：员工安全健康	竞争环境主导型
社会舆情调查	议题 2-11：关注弱势群体	普通议题
社会责任专家提议	议题 2-12：员工志愿服务	普通议题
社会舆情调查	议题 2-13：食品安全	普通议题
社会责任标准	议题 2-14：反歧视	普通议题

议题 2-1：负责任采购

负责任采购是指将履行社会责任的理念和要求全面融入企业的采购全过程中，以保证企业所采购的产品和服务是饱含"责任"的，同时也确保企业的采购交易行为是负责的。负责任采购是社会责任标准政策中的一项常规议题。

议题分析框架	分析内容
利益相关方	负责任采购影响的利益相关方主要是电网企业自身、电网企业的供应商及其相关联的员工与社会环境。
议题的价值	就单个企业而言，责任采购的价值是要保证企业提供的产品和服务是"负责任的"，避免供应链的责任风险；而从整个社会来说，责任采购的意义是试图提高所有企业的责任意识，促进所有企业提升履行社会责任的水平，共同提高整个社会的福利。因此，该议题的社会价值很高。
社会关注度	负责任采购在国内还是一个发展中的理念和议题，正越来越受到企业、社会组织以及广大公众的关注，社会关注度较高。

议题 2-2：公平竞争

公平竞争是指竞争者之间所进行的公开、平等、公正的竞争。具体到电网企业，主要是指"三公"调度。"三公"调度要求电网企业结合电网实际情况和电力系统安全运行的需要，按照公平、合理和协商的原则，按调度关系与并网发电厂签订并网调度协议，对并网发电厂实施运行管理考核。

议题分析框架	分析内容
利益相关方	公平竞争（"三公"调度）影响的利益相关方主要是指电网企业自身和并网发电企业。
议题的价值	"三公"调度对电力经济的发展具有重要的作用。它可以调动发电企业的积极性，使他们不断完善管理，向市场提供经济、清洁、可持续的能源，使社会资源得到合理的配置，并最终为电力消费者和全社会带来福利。该议题的社会价值很高。
社会关注度	对于"三公"调度的关注更多集中在电力系统内部和个别关注公平竞争的群体，该议题的社会关注度一般。

议题 2-3：安全用电

电给人们的生产生活带来了极大的便利，但是如果在生产和生活中不注意安全用电，也会带来灾害，如触电可造成人身伤亡；电气漏电、短路产生的电火花可能造成火灾、爆炸等。对电力客户的安全用电教育是电网企业供电服务的基本内容之一，也是企业履行社会责任的重要体现。

议题分析框架	分析内容
利益相关方	安全用电影响的利益相关方主要是广大用电客户。
议题的价值	加强安全用电培训，提高用户安全用电的知识和技能，不仅有利于用户的人身安全和生产安全，也有利于整个电网系统的稳定运行，该议题社会价值很高。
社会关注度	电网企业开展安全用电服务活动的最终目标是在用户间形成安全用电的常识和习惯，这就需要每一位用电客户从大企业到小家庭中的每一位成员都关注和重视安全用电问题。对于该议题，目前的社会关注度较高，但还需要进一步提高。

议题 2-4：提升供电服务水平

人们在享用电力带来的便利的同时，也越来越期望得到高效、优质、贴心的供电服务。提升供电服务水平就成为电网企业践行社会责任的重要内容。

议题分析框架	分析内容
利益相关方	该议题的利益相关方主要是广大用电客户。
议题的价值	提升供电服务水平，让用户享受更加高效、便捷、周到、贴心的服务，不仅提高了用户的用电品质，改善其生产生活质量，也有助于建立良好的客户关系，提升电网企业的社会形象。该议题社会价值很高。
社会关注度	供电服务关系到每一位用户的切身利益，电网企业每年都会开展客户满意度调查，获取大量对供电服务的反馈，可见该议题的社会关注度很高。

议题 2-5：对接全市重点项目

对接全市重点项目是指电网企业主动对接地方政府每年的重点项目建设规划和进度，超前布局电网建设，提前介入供电服务，全力保障全市重点项目的用电需求。该议题既是地方政府对电网企业的诉求，也是电网企业结合自身社会功能所做出的主动的履责实践。

议题分析框架	分析内容
利益相关方	该议题的利益相关方主要是地方政府、重点项目业主方。
议题的价值	电力是保证项目顺利建设和运营的基本前提，做好全市重点项目的对接和服务，不仅为项目本身的推进提供保障，也为地方政府的招商环境奠定好的口碑和形象，对推动地方经济发展都具有重大的意义。该议题社会价值很高。
社会关注度	媒体与公众一般会对当地重点项目的引进及建设进程给予较大的关注，但对项目背后电网企业的支持与服务关注较少，该议题的社会关注度一般。这也是电网企业需要加大宣传力度的地方。

议题 2-6：拓宽交费渠道

在信息化、智能化越来越深入日常生活的今天，通过信息化的手段拓宽交费渠道，让电力客户能够更加多元化地选择适合自身的缴费方式，提高客户电力消费的便捷度成为供电企业提升服务水平的一项重要议题。

议题分析框架	分析内容
利益相关方	该议题的利益相关方主要是广大用电客户。
议题的价值	拓宽交费渠道，从小范围来看是让用电客户能够更加便利地完成电费交纳，避免因电费错交造成的停电等不便；从更长远来看，提供多元化交费渠道是一个将信息化、智能化的技术引入用户生产生活的过程，进一步提高了用户生活中的科技水平，促进了整个社会的发展。该议题社会价值较高。
社会关注度	电费交纳关系到每一位用户的生活便利，随着网络支付、移动支付平台的不断发展，人们对于交费的便利性和即时性也越来越关注，该议题的社会关注度较高。

议题 2-7：电网建设中的征地拆迁

征地拆迁是当前中国基层工作中的一大难点，电网企业在工程建设中也会面临征地和拆迁的问题，赔偿或沟通不到位都可能引发村民阻工等现象，影响工程的建设进程和企业的社会形象。如何处理好电网建设中的征地拆迁就作为一项社会责任议题被提了出来。

议题分析框架	分析内容
利益相关方	该议题的利益相关方主要是电网建设涉及的被征地拆迁居民、电网企业自身和地方政府等。
议题的价值	随着工业化和城市化发展，对土地征收范围越来越广，难度也越来越大，电网工程建设也面临同样的问题。如果赔偿到位，沟通过程透明公开，征地拆迁工作会相对顺利；但如果补偿标准不能满足村民的需求，沟通不及时不到位，或基层政府在分配补偿金额等问题上发生贪腐，都会伤害到村民的利益引发阻工抗议等群体性事件，进而造成更大的社会影响，该议题的社会影响极大。
社会关注度	当前媒体中经常出现强拆、钉子户等新闻报道，社会公众也对此问题给予极大的关注和讨论，并对被征地拆迁的一方给予普遍的同情。该议题的社会关注度很高。

议题 2-8：参与社会治理

社会治理，就是政府、社会组织、企事业单位、社区以及个人等诸行为者，通过平等的合作型伙伴关系，依法对社会事务、社会组织和社会生活进行规范和管理，最终实现公共利益最大化的过程。党的十八届三中全会通过的《中共中央关于全面深化改革若干重大问题的决定》，对创新社会治理方式作出全面部署，提出要发挥政府主导作用，并鼓励和支持社会各方面参与。企业与社会治理有着怎样的关系、有哪些责任和义务、应该扮演怎样的角色、应该如何参与社会治理等成为摆在电网企业面前的新议题。

议题分析框架	分析内容
利益相关方	该议题的利益相关方主要是电网企业运营过程涉及到的社区、社会组织和社会公众等。
议题的价值	社会治理是党在新形势下提出来的新的社会管理方式，注重创新和参与。电网企业在运营过程面临着处理与社区的关系、与社会公众的关系和与社会组织的关系等诸多方面课题，以社会治理的新理念和新模式协调上述关系，解决运营中的各类社会问题将对提升企业的竞争力，改善企业与利益相关方的关系，树立优秀企业形象具有很高的价值和意义。该议题对企业价值很高。
社会关注度	社会治理是党在十八届三中全会提出来的新课题，得到社会各界的广泛关注，对该问题的讨论和研究日趋火热，该议题的社会关注度较高。

议题 2-9：战略性公益

战略性公益是指能够兼容社会公益和企业商业利益的企业慈善行为，最早由美国学者亨特于 1986 年在其论文《策略性企业慈善行为》中提出，并在西方企业中越来越受到重视，涌现出一大批战略性公益的成功案例。电网企业作为肩负经济社会多重功能的国有企业，历来就有开展公益慈善活动的传统，如何在新形势下转变公益模式，推行战略性公益，实现社会与企业的双赢是摆在电网企业面前的新议题。

议题分析框架	分析内容
利益相关方	该议题的利益相关方主要是电网企业自身、公益惠及的对象以及合作的公益组织等。
议题的价值	实施战略性公益是将社会需求与企业目标、战略思维与公益操作、社会资源与企业优势充分融合的一个过程，有助于在实现公益价值的同时，为企业创造更好的发展环境，提升企业竞争力。该议题对企业价值很高。
社会关注度	战略性公益在公益圈、社会责任圈和企业界均受到越来越高的重视，大量战略性公益项目正在酝酿和实施中，媒体与学界对战略性公益的报道和研究也在逐渐增多。该议题的社会关注度较高。

议题 2-10：员工安全健康

员工在工作中的安全健康是最初也最重要的社会责任议题之一，是企业履行社会
责任的根本体现。电网企业由于其行业特性，部分岗位面临较高的职业安全风险，
保护员工的安全健康也成为电网企业的重要议题。

议题分析框架	分析内容
利益相关方	该议题的利益相关方主要是电网企业中的所有员工，尤其是基层员工。
议题的价值	电网企业的基层工作包括带电作业、电力抢修、架线巡线、设备安检等内容，常常面临接触高压带电设备、深入偏远危险地区或在自然灾害环境下作业等危险，一旦发生员工安全健康事故，不仅给员工及其家庭带来巨大苦难，也会对其他员工的身心构成重创，甚至影响企业安定团结的工作氛围。该议题的社会影响很大。
社会关注度	员工安全健康问题在社会责任领域广受关注，有多年的实践经验和专项的社会责任标准及工作程序。但就单个企业而言，对员工安全健康的关注大多限于企业自身的员工及其家属，该议题的社会关注度一般。

议题 2-11：关注弱势群体

关注弱势群体是社会体现人道主义关怀的一项重要议题。供电企业在日常的公益
项目或员工关怀活动中，会经常关注弱势群体的需求，给予贴心的服务和照顾，
践行企业的社会责任。

议题分析框架	分析内容
利益相关方	该议题的利益相关方主要是老人、儿童、残疾人等受到供电企业社会公益活动关注的弱势群体。
议题的价值	企业通过公益扶贫项目和员工关怀活动等，为企业内部以及周边社区的弱势群体送去贴心的服务和照顾，不仅改善这些人群的生活，也为和谐社会建设做出了贡献。该议题的社会价值较高。
社会关注度	对弱势群体的关怀一直是公益界较为关注的议题。企业虽然对于关注弱势群体没有必然的责任，也对企业自身的竞争力没有直接的影响，但是大部分企业都将关注弱势群体作为其社会公益的一部分，该议题的社会关注度很高。

议题 2-12：员工志愿服务

随着社会公益事业的发展，越来越多的企业从员工中组织成立志愿者队伍参与到当地的社区服务、宣传教育等公益活动中。员工志愿服务成为企业开展公益慈善和促进与社区合作交流的一种新形式。

议题分析框架	分析内容
利益相关方	该议题的利益相关方主要是企业员工、志愿服务惠及的对象以及合作的公益组织等。
议题的价值	开展员工志愿服务在为社会提供爱心服务创造社会价值的同时，也增进了企业与社区的交流沟通，有利于营造良好的企业发展环境。同时，通过参与志愿者活动，提升了员工的责任意识和对企业的价值认同，增强了企业的凝聚力。该议题对企业价值很高。
社会关注度	员工志愿者服务已经成为绝大部分企业开展公益慈善活动的主要形式，也得到社会各界的肯定和认可，该议题的社会关注度较高。

议题 2-13：食品安全

食品安全，指食品无毒、无害，符合应当有的营养要求，对人体健康不造成任何急性、亚急性或者慢性危害。食品安全问题是当前我国面临的重大公共卫生问题。习近平总书记在 2013 年 12 月 23~24 日中央农村工作会议上强调："能不能在食品安全上给老百姓一个满意的交代，是对执政能力的重大考验。"电网企业与食品安全之间也存在间接且深刻的关联，有必要将其纳入企业的社会责任议题管理。

议题分析框架	分析内容
利益相关方	该议题的利益相关方主要是企业员工和企业自身。
议题的价值	在当前的严峻形势下，食品安全问题已经深入包括企业员工在内的每一个居民日常饮食的每一个角落，食品中的不安全成分在长期累积和慢性发展下对员工的身体健康构成了潜在的风险和危害，也在一定程度上影响了企业的健康发展和有序经营。该议题对企业的负面影响度较高。
社会关注度	随着包括三鹿奶粉、地沟油、苏丹红等众多事件的曝光，食品安全问题已经成为人人口诛笔伐的焦点，该议题的社会关注度极高。

议题 2-14：反歧视

我国《就业促进法》明确规定："劳动者依法享有平等就业和自主择业的权利。劳动者就业，不因民族、种族、性别、宗教信仰等不同而受歧视。"公平就业本身是实现追究公平、平等的重要路径之一。但是需要结合不同的行业背景和企业特色对该议题予以客观的认识。

议题分析框架	分析内容
利益相关方	该议题的利益相关方主要是求职者、企业员工和企业自身。
议题的价值	公平就业是值得企业提倡和践行的一项议题，但是，对于电网企业而言，由于其行业特征，大部分岗位对员工的体能要求很高，其工种更适合于身强体壮的男性。因此，过于强调公平就业，会不利于企业招聘到合适的员工从事合适的工作，影响企业整体的竞争力。该议题对企业的负面影响度较高。
社会关注度	公平就业虽然关系到每一位求职的人员切身利益，但是公平就业的理念并没有深入到大部分人的意识中，对该议题的关注和权利维护缺少行动。该议题的社会关注度一般。

主题三：企业与环境和谐发展

在企业与环境和谐发展主题下，共收集社会责任议题 12 项，对其进行分类，并对每类议题展开详细解读和分析。

▼ **企业与环境和谐发展议题名单及分类**

议题来源	议题名称	议题类型
基建部收集	议题 3-1：绿色电网	价值链主导型
营销部收集	议题 3-2：开展节能服务	价值链主导型
社会责任标准	议题 3-3：弘扬绿色发展理念	普通议题
社会责任标准	议题 3-4：绿色采购	价值链主导型
利益相关方调查	议题 3-5：促进清洁能源发展	价值链主导型
管理层提议	议题 3-6：促进电动汽车发展	价值链主导型
社会责任标准	议题 3-7：保护文物古迹	普通议题
社会责任标准	议题 3-8：保护生物多样性和自然栖息地	普通议题
管理层提议	议题 3-9：电能替代	竞争环境主导型
社会舆情调查	议题 3-10：电磁辐射	价值链主导型
社会舆情调查	议题 3-11：应对气候变化	竞争环境主导型
社会舆情调查	议题 3-12：雾霾	竞争环境主导型

议题 3-1：绿色电网

绿色电网是一种资源节约、生态环保、标准规范、技术先进、经济高效的新型电网模式，主要体现在三个方面：一是采用环保、节约的方式，减少电网建设阶段对资源的消耗和对生态环境的破坏，二是采用低损耗设备，减少电力运输中的能源损耗，三是推广智能化设备，提高电网整体的高效安全运行。打造绿色电网是供电企业构建资源节约型、环境友好型企业的重要抓手，也是一项重要的社会责任议题。

议题分析框架	分析内容
利益相关方	该议题的利益相关方主要是电网企业自身、电网工程所在社区和更大范围内的自然环境。
议题的价值	打造绿色电网就是在电网规划、设计、建设全过程实现效率最大化、资源节约化、环境友好化、管理智能化，不仅为社会节约资源、能源和土地，促进电网与自然环境的和谐发展，也有利于提升电网整体的智能化水平。该议题的社会价值很高。
社会关注度	绿色电网主要是在电网企业内部得到较高的关注和重视，社会公众对于绿色电网缺乏了解，该议题的社会关注度一般。有必要加强宣传让更多公众了解绿色电网的环境价值。

议题 3-2：开展节能服务

为用电客户开展包括节能诊断、合同能源管理等节能服务是电网企业提升供电服务水平的一项重要工作。随着企业对环境问题的关注，该项服务的环境价值日益凸显，开展节能服务已经成为企业履行环境责任的重要议题之一。

议题分析框架	分析内容
利益相关方	该议题的利益相关方主要是用电客户、自然环境。
议题的价值	开展节能服务有利于促进用电客户减少对能源的消耗，节约生产运营成本，提升竞争力。同时，通过能源节约间接上减少了整个社会的能源消耗和环境排放。该议题的社会价值很高。
社会关注度	节能服务与用电客户的利益密切相关，在客户中得到了较为广泛的关注，但社会公众对于电网企业的该项履责实践还缺乏了解，该议题的社会关注度一般。有必要加强宣传让更多公众了解节能服务的环境价值。

议题 3-3：弘扬绿色发展理念

绿色发展是以效率、和谐、持续为目标的经济增长和社会发展方式。绿色发展需要每一个人、每一个家庭、每一家公司、每一个政府部门树立理念，身体力行。而理念的树立是一个长期的、潜移默化的过程，需要坚持不懈地推进。电网企业作为能源运输分配的中枢系统，在弘扬绿色发展理念方面具有先天的优势和责无旁贷的责任。

议题分析框架	分析内容
利益相关方	该议题的利益相关方主要是公司员工、广大公众、自然环境。
议题的价值	电网企业弘扬绿色发展理念的主要方式包括推进绿色办公、开展以节电为主题的消费者教育，参与或发起环保公益项目等，通过身体力行的宣传、教育和启发，让节能环保、自然和谐的理念深入人心，该议题的社会价值较高。
社会关注度	弘扬绿色发展理念直接与广大公众接触，在公众中有一定的记忆和认知，该议题社会关注度较高。弘扬绿色发展理念的关键是创新沟通传播方式，让更多的公众关注该议题并参与到议题的实施中并得到该议题的影响。

议题 3-4：绿色采购

绿色采购是指政府和企业经济主体一系列采购政策的制定、实施以及考虑到原料获取过程对环境的影响而建立的各种关系，其中与原料获取过程相关的行为包括供应商的选择评价。具体体现在：优先购买对环境负面影响较小的环境标志产品；促进供应商企业环境行为的改善等。供电企业根据政府和公众的期望，将绿色采购纳入公司的社会责任议题中。

议题分析框架	分析内容
利益相关方	该议题的利益相关方主要是公司自身、供应商、自然环境。
议题的价值	实施绿色采购不仅促进了节能环保型产品及企业的发展壮大，也从价值链上影响和推动了供应商的环境行为的改善，带动一大批企业实施节能减排和绿色环保的行为。此外，绿色采购也有利于降低企业自身的能耗与排放。该议题的社会价值很高。
社会关注度	绿色采购是由政府首倡，企业和公众相继参与的一项运动，在公众中主要是指绿色消费。广大的非政府组织、新闻媒体等都对绿色采购和绿色消费给予了较高的关注和参与，该议题社会关注度较高。

议题 3-5：促进清洁能源发展

清洁能源是指不排放污染物的能源，它包括核能和可再生能源。可再生能源是指原材料可以再生的能源，如水能、风能、太阳能、生物能（沼气）、海潮能等。清洁能源的发展离不开电网企业的支持。在政府推动和外在环境趋势下，促进清洁能源发展也成为电网企业的一项社会责任议题。电网企业在促进清洁能源发展方面的主要作为包括超前介入和布局，保障清洁能源项目的电力送出；合理安排运行和调度，确保清洁能源的最大化消纳。

议题分析框架	分析内容
利益相关方	该议题的利益相关方主要是清洁能源企业、自然环境。
议题的价值	发展清洁能源不仅有利于减少能源生产及消耗过程的污染排放，改善环境质量，也有利于优化能源结构，解决传统能源日益耗尽的危机。该议题的社会价值很高。
社会关注度	随着资源环境问题的日益凸显，清洁能源早已成为改善这一局面的首要议题，政府、学界、企业、媒体及公众均对发展和使用清洁能源给予了极高的关注和投入。该议题社会关注度极高。

议题 3-6：促进电动汽车发展

电动汽车（EV）是指以车载电源为动力，用电机驱动车轮行驶，符合道路交通、安全法规各项要求的车辆。由于对环境影响相对传统汽车较小，其前景被广泛看好，但当前技术尚不成熟。电网企业在促进电动汽车发展方面的主要作为是建设电动汽车充电站或充电桩，保证电动汽车能够快速便捷的充电。

议题分析框架	分析内容
利益相关方	该议题的利益相关方主要是电动汽车制造商、广大汽车用户和自然环境。
议题的价值	促进电动汽车发展有利于减少汽车尾气排放，改善环境空气质量，同时有助于提升整个交通领域的节能环保水平，该议题的社会价值很高。
社会关注度	随着汽车消费市场的日益扩大，对汽车行业的关注度也越来越高。电动汽车作为汽车领域内的新兴产品，也得到了广泛的社会关注。该议题社会关注度较高。但是，对于电网企业在促进电动汽车发展方面的贡献，公众则知之甚少。

议题 3-7：保护文物古迹

文物古迹是具有历史价值、科学价值、艺术价值、遗存在社会上或埋藏在地下的历史文化遗物和遗迹。保护文物古迹是每一个企业和每一个人的责任。电网企业与对保护文物古迹之间有着广泛深入的联系，例如在电网建设及布线过程中，尽力避免对文物古迹的面貌景观构成破坏，促进与文物古迹的和谐；保障文物古迹管理及保护的用电需求；资助文物古迹保护的公益项目等。

议题分析框架	分析内容
利益相关方	该议题的利益相关方主要是文物古迹及其管理方、广大公众及其后代。
议题的价值	保护文物古迹是功在当代、利在千秋的事业，电网企业以其行业特征与优势为保护文物古迹贡献自己的力量，对保护我国历史文化、传承文化财富具有重要意义。该议题的社会价值很高。
社会关注度	在广大公众的认知中，对文物古迹的保护更多是相关政府部门的工作，对于电网企业是如何参与到文物古迹的保护则不甚了解。但是，随着旅游产业的发展，越来越多人开始文化之旅、古迹之旅，对该议题的关注会越来越多。这也给电网企业塑造责任品牌创造了好的契机。

议题 3-8：保护生物多样性和自然栖息地

随着人类活动的加剧，对其他生物生存环境的侵占与破坏也日益增多，保护生物多样性和自然栖息地越来越受到重视和关注。ISO26000 社会责任指南中明确将保护生物多样性和自然栖息地列为环境主题下的重点议题之一，对企业、个人均提出了相关的诉求和期望。电网企业在其生产活动中经常会涉及对自然保护区的影响，因此该议题对电网企业也是不可或缺。电网企业在保护生物多样性和自然栖息地方面的主要作为包括：电网规划及建设中优化线路布局，尽量避免电网从自然保护区中穿过；对于无法避免的情况，要做好电网工程与周围景观的协调，做好电网安全防护避免对动植物的生存构成威胁；参与或发起生物多样性保护的相关公益活动等。

议题分析框架	分析内容
利益相关方	该议题的利益相关方主要是自然保护区、广大生物及自然环境。
议题的价值	生物多样性是维持生态平衡、促进人与自然和谐发展的重要因素，保护生物多样性和自然栖息地不仅从动物伦理的角度为其他生命物种创造公平的生存环境，也为人类自身的生存创造了和谐稳定的生态圈，有利于人类的可持续发展。该议题的社会价值很高。
社会关注度	关于保护生物多样性和自然栖息地这个议题，已经在新闻报道、影视作品、书籍刊物等众多途径上得到宣传和推广，公众对于该议题的关注度很高。但是，电网企业与保护生物多样性和自然栖息地的关系及其采取的行动，公众则了解较少，这也是未来需要加强之处。

议题 3-9：电能替代

电能替代是国家电网公司于 2013 年 8 月为治理城市雾霾而提出来的一项战略，旨在发挥电能便捷、安全、清洁、高效等优势，面向终端能源消费市场，积极倡导"以电代煤、以电代油、电从远方来"的能源消费新模式，不断提高电能占终端能源消费比重。电能替代是电网企业自身发起的一项社会责任议题，其对环境的意义和影响极为深远。

议题分析框架	分析内容
利益相关方	该议题的利益相关方主要是能源利用方、广大公众、自然环境。
议题的价值	"以电代煤、以电代油、电从远方来"的电能替代战略对环境具有极高的环境价值：首先，在终端消费环节以电代煤，减少直燃煤和污染排放，减轻煤炭使用对环境的破坏；其次，在铁路、城市轨道交通、汽车运输领域以电代油，提高交通电气化水平，减少石油消费，调整能源消费结构，促进交通行业能源高效利用，减少环境污染；再次，通过建设特高压电网，把西部、北部的火电、风电、太阳能发电和西南水电远距离、大规模输送到东部，在终端实施电能替代，解决东中部能源消费瓶颈问题。通过以上三种途径的电能替代，最终优化能源结构，减少污染排放，从根本上治理雾霾问题。
社会关注度	电能替代是由电网企业自身主导发起的一项社会责任议题，并对该议题的实施和传播投入了大量的资源和工作。目前，社会对该议题的关注度正在日益提升。

议题 3-10：电磁辐射

在电气化及通信高度发达的今天，电磁辐射现象广泛存在于我们生活出行的方方面面。不同辐射源的电磁辐射强度差别很大，人体长期暴露于高强度的电磁辐射环境中容易对健康构成危害，但是电力系统的电磁辐射工频仅为 50Hz，远远低于移动通信基站 900~1800MHz 的频率，对人体几乎没有任何影响。但是，公众对电力系统电磁辐射的科学原理并不知情，所以电网建设中依然面临因电磁辐射原因而遭遇公众质疑和抗议的问题。将电磁辐射作为一项社会责任议题纳入公司的管理和沟通活动中就显得十分必要。

议题分析框架	分析内容
利益相关方	该议题的利益相关方主要是电网企业自身、电力系统附近的居民、广大公众。
议题的价值	电力系统的电磁辐射强度极其微弱，对周边居民本身没有健康方面的危害，但是由于一些知识的误导和沟通传播的不到位，容易让闻"电磁辐射"而色变的居民形成误解和恐慌，从而引发项目阻工等社会问题，影响电网的正常经营和当地的经济社会发展。该议题的社会影响很大。
社会关注度	随着电气化及通信的日益发展，人们对于衣食住行中涉及的各类电气化和电子产品的电磁辐射问题给予了高度的重视。包括高压线和变电站在内电力系统的电磁辐射问题也在这样的氛围下受到公众的关注。该议题的社会关注度极高。

议题 3-11：应对气候变化

根据《联合国气候变化框架公约》的定义，气候变化是指"经过相当一段时间的观察，在自然气候变化之外由人类活动直接或间接地改变全球大气组成所导致的气候改变"。应对气候变化的过程催生了大批低碳经济，给新能源、节能减排等企业带来丰富的商机。电网企业主动将应对气候变化作为一项重要议题，融入到企业的战略发展与运营管理中。

议题分析框架	分析内容
利益相关方	该议题的利益相关方主要是电网企业自身、节能环保型企业、广大公众。
议题的价值	应对气候变化的核心是减少以二氧化碳为代表的温室气体的排放，推动清洁能源、电动汽车等低碳产业的发展，促进广大企业减少能源消耗和污染排放。电网企业可以在这个过程中充分发挥自身的平台优势，提高对电力资源的优化配置，推动煤炭、石油等高排放能源逐步向清洁的电能过渡，促进对电能的消费，提高公司的经济效益。该议题对公司的社会价值很高。不过，气候变化本身也会造成大量极端天气，影响电网企业的安全稳定运行和维护的工作难度。
社会关注度	应对气候变化是全球性的环境议题，每年一届的全球气候峰会、广泛推行的低碳经济、有关气候话题的影视作品等众多事件让应对气候变化成为全球关注的焦点，但是，近两年随着全球经济形势的严峻，气候变化议题的关注度有所下降。

议题 3-12：雾霾

雾霾是一种灾害性的污染天气，近两年成为我国最为热点的环境公共话题，社会各界都在讨论应对雾霾的策略和方案。电网企业也将雾霾作为一项重要的议题纳入应对管理的范畴之中。

议题分析框架	分析内容
利益相关方	该议题的利益相关方主要是电网企业自身、上下游企业、自然环境。
议题的价值	雾霾对于电网企业具有积极和消极两面的影响：雾霾治理涉及到对煤炭、石油等污染型能源的转型，这会在一定程度上增加对电力的需求，提高公司的经济效益，这也是电网企业极力推动电能替代的前提。但是，雾霾天气会对包括公司员工在内的人体健康造成危害，雾霾天气造成的低能见度会影响电力设备运行的风险，增加巡查的力度。此外，雾霾治理也涉及关停或整顿大量高耗能高污染企业，这些往往是电网企业的大客户，对于电网企业的整体盈利以及电网运行的稳定和安全都会构成影响。综合来讲，雾霾对于电网企业的消极型社会影响更大。
社会关注度	雾霾是当前我国热门关键词，也是频频发生的危害性事件，政府、企业、媒体、学界及公众对雾霾的关注都达到敏感的顶峰，该议题的社会关注度极高。

主题四：合规透明运营与接受社会监督

在合规透明运营与接受社会监督主题下，共收集社会责任议题 5 项，对其进行分类，并对每类议题展开详细解读和分析。

▼ **合规透明运营与接受社会监督议题名单及分类**

议题来源	议题名称	议题类型
社会责任专家提议	议题 4-1：社会监督	普通议题
管理层提议	议题 4-2：走进国家电网	普通议题
管理层提议	议题 4-3：社区关系改善	普通议题
社会责任标准	议题 4-4：利益相关方参与	普通议题
社会责任标准	议题 4-5：社会责任信息披露	普通议题

议题 4-1：社会监督

社会监督是当前企业推进公众参与、促进透明运营的新模式，主要是从利益相关方中聘请社会监督员或社会责任监督员，并授予监督员行使意见收集与反馈、调查、督促等权力，协助监督企业的社会责任实践活动，提高公司运营的透明度和依法合规水平。

议题分析框架	分析内容
利益相关方	该议题影响的主要是电网企业自身、利益相关方。
议题的价值	实施社会监督，从第三方角度审视公司运营中的各项问题，有助于创建一个更加开放、透明、坦诚的企业，提高企业社会化管理的能力，塑造责任企业形象。该议题的社会价值较高。
社会关注度	社会监督是一个较为新兴的沟通管理机制，仅在个别企业中有实践，目前该议题的社会关注度较低。但是，公众对于企业行为的审视与评判无时无刻都在进行，给社会监督这项议题提供了生长的土壤。

议题 4-2：走进国家电网

"走进国家电网"是电网公司主动发起的一项交流活动，旨在通过邀请媒体、行风监督员和社会公众到公司参观访问，增进公众对公司的了解，促进企业与公众之间的沟通交流。这项活动在各供电企业已经连续开展了多年，目前已经成为一项常规的社会责任议题。

议题分析框架	分析内容
利益相关方	该议题的利益相关方主要是电网企业自身、媒体、社会公众。
议题的价值	通过开展"走进国家电网"活动，可以让社会公众近距离感受公司在履行社会责任、服务地方经济社会发展方面所做的工作，使社会各界进一步理解、支持公司的经营工作，树立"国家电网"良好的社会形象。该议题的社会价值较高。
社会关注度	"走进国家电网"这项活动在参与过的新闻媒体、行风监督员及部分公众中有一定的影响力，社会关注度较高。

议题 4-3：社区关系改善

良好和谐的社区关系是企业可持续发展的前提。作为公用事业企业，社区居民与电网企业有着紧密的联系。他们既是电力用户，同时电网的建设发展也需要他们的支持与帮助，电网的服务需要他们的理解与认可。因此，创新的社区关系改善模式是电网企业的重要社会责任议题，社会责任联系点是一个新的尝试。

议题分析框架	分析内容
利益相关方	该议题的利益相关方主要是电网企业自身、社区居民。
议题的价值	创新的社区关系改善模式，将有效推动供电企业与社区居民的和谐相处、相互支持。这样可以确保企业的每一项服务都是建立在客户需求和建议的基础之上，实现企业内部工作外部化和外部期望内部化，让客户享受更加贴心感人的服务。该议题的社会价值很高。
社会关注度	目前创新的社区关系改善模式，已经在很多基层供电公司进行了尝试与探索，得到了广泛的关注和好评，随着电力体制改革的深入推进，该议题将得到更为广泛的关注。

议题 4-4：利益相关方参与

利益相关方是指受企业决策和活动影响的个人或团体，利益相关方参与则是指企业与一个或多个利益相关方之间的对话机制及对话活动。供电企业的利益相关方主要包括：各级地方政府、用电客户、发电企业、供应商、公司员工、媒体公众等。利益相关方参与是企业透明运营的核心，也是社会责任的重大议题。

议题分析框架	分析内容
利益相关方	该议题影响的主要是电网企业自身和电网企业的各个利益相关方。
议题的价值	建立完善的利益相关方参与机制，与利益相关方保持常态化的沟通，有利于适时掌握和了解利益相关方的需求、期望和意见，为企业决策提供充分的信息，尽可能减少企业决策和活动对利益相关方的影响，营造良好的企业发展环境。该议题的社会价值很高。
社会关注度	利益相关方理论作为社会责任的基础理论之一，受到业界的广泛关注和推崇。利益相关方参与本身在企业早有零散的经验式的实践，但系统化的设计利益相关方参与机制和组织相关活动的情况还比较少，而企业的利益相关方对于其自身的知情权和参与权的认知也还有待提高，所以该议题的社会关注度一般。

议题 4-5：社会责任信息披露

信息披露是指企业以招股说明书、上市公告书以及定期报告和临时报告等形式，把企业及与企业相关的信息，向投资者和社会公众公开披露的行为。常态化的信息披露是保证透明运营的前提。而社会责任信息披露则是将企业决策运营带来的经济、社会和环境影响进行公开，确保利益相关方知情的一种意愿和行为。供电企业的信息披露主要包括发布服务地方经济社会发展白皮书、发布企业社会责任报告等形式。

议题分析框架	分析内容
利益相关方	该议题影响的主要是电网企业自身和电网企业的各个利益相关方。
议题的价值	开展社会责任信息披露有助于让利益相关方充分了解企业生产运营对其产生的影响和发挥的贡献，为进一步的沟通合作奠定对话的基础。常态化的信息披露也有利于企业规范自身的管理和沟通机制，提升企业在社会公众中的形象。该议题的社会价值较高。
社会关注度	在以往发布白皮书、社会责任报告等过程中，形成了一批受众，对企业的信息披露有一定的认知和了解，所以该议题的社会关注度较高。

供电企业社会责任重点议题筛选及优先序

社会责任重点议题筛选

经过对收集的 43 项社会责任议题的初步分析，以及通过议题的价值判断和对议题进行重要性筛选，共计筛选出 19 项议题作为供电企业的社会责任重点议题。

▼ **供电企业社会责任重点议题名单**

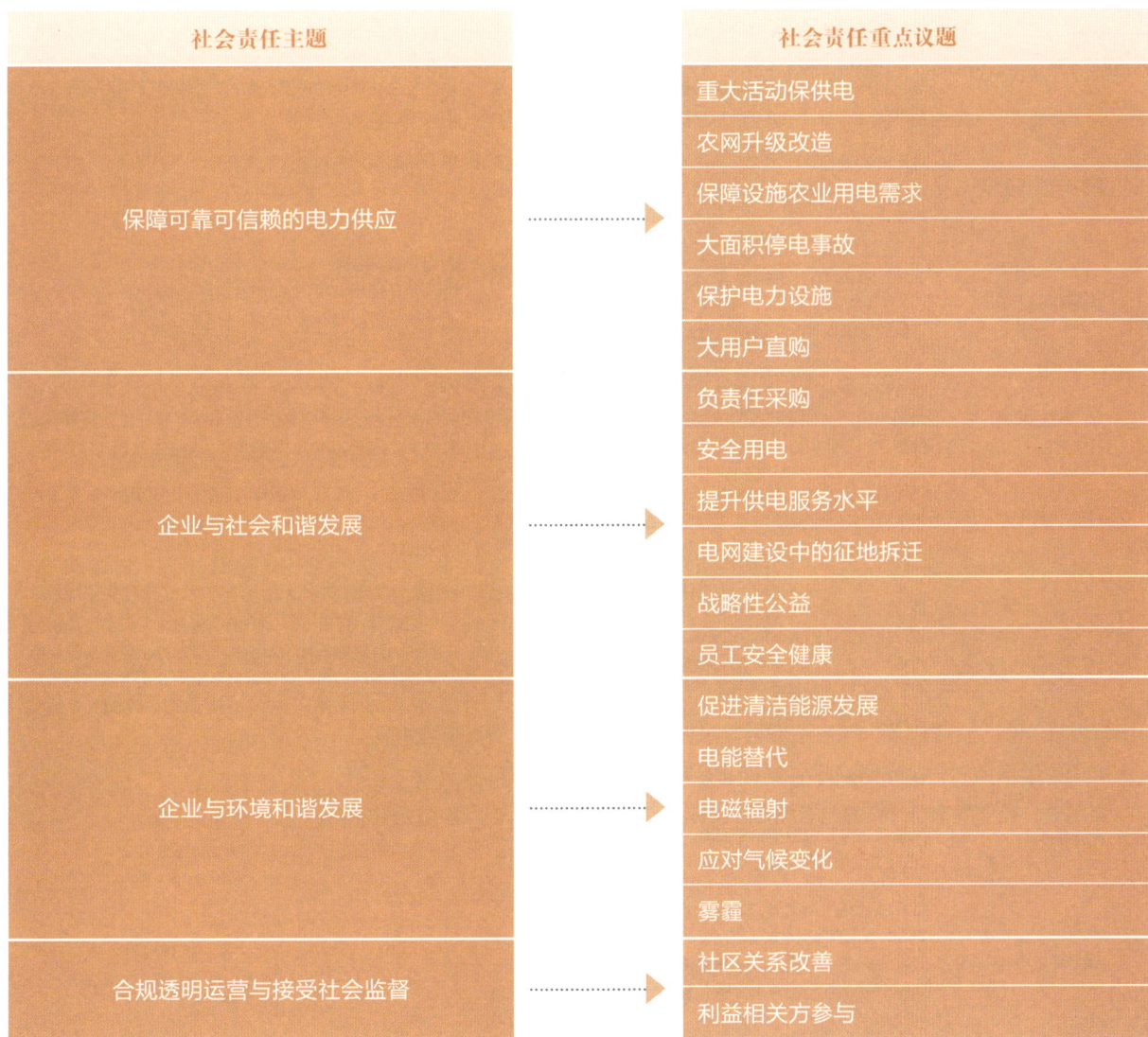

社会责任主题	社会责任重点议题
保障可靠可信赖的电力供应	重大活动保供电
	农网升级改造
	保障设施农业用电需求
	大面积停电事故
	保护电力设施
	大用户直购
企业与社会和谐发展	负责任采购
	安全用电
	提升供电服务水平
	电网建设中的征地拆迁
	战略性公益
	员工安全健康
企业与环境和谐发展	促进清洁能源发展
	电能替代
	电磁辐射
	应对气候变化
	雾霾
合规透明运营与接受社会监督	社区关系改善
	利益相关方参与

议题紧迫性和资源可得性分析

社会责任重点议题	紧迫性分析	资源可得性分析
重大活动保供电	该议题一般随着当年政府的重大活动的安排而确定相应的行程，紧迫性呈不均匀分布	重大活动的保供电主要依靠电网公司的配合与协助，但保供电过程牵涉发电企业的正常运营、电力设施外力破坏的防范等诸多工作，虽然企业在该议题上可以支配较大的资源，但也需要其他利益相关方的配合
农网升级改造	农网升级改造是一项长期的、循序渐进的工作，供电企业在农网升级改造方面已经做了很多工作，未来该议题的紧迫性程度一般	农网升级改造也是电网企业的基本职能和持续投入的重点工作，但是农网升级改造涉及资金、政策、土地和当地村民配合等多重因素，企业在该议题上可支配的资源相对有限
保障设施农业用电需求	设施农业是一些供电企业未来重点打造的农业项目，地方政府及当地农户都给予了高度重视和期盼，该议题紧迫性程度很高	保障项目的用电需求是电网企业的基本功能与职责，政府、客户等利益相关方对该议题配合度也非常高，企业在该议题上可以支配很大的资源
大面积停电事故	大面积停电事故的发生概率虽然很小，但是其社会危害极高，电网企业必须随时将防范大面积停电事故作为一项紧急性任务纳入日常的运营管理中。该议题的紧迫性程度很高	防范大面积停电事故需要协调组织多方力量共同参与，包括发电企业、公安局、媒体、社会公众等。但作为一项涉及公共安全的重要议题，政府赋予了电网企业在该议题上较多的资源权限
保护电力设施	保护电力设施是电网企业的常规工作，有专人专职负责对电力设施设备的巡查和检测，作为议题管理，该议题的紧迫性程度一般	电力设施保护是每个人的责任和义务，已经纳入国家法律法规，具有强制的法律效力。电网企业作为保护电力设施的直接执行机构，在该议题上具有较多的资源权限
大用户直购	大用户直购是国家电力体制改革的一种尝试，已经实施了10年的试点期。2013年，国家密集发布关于大用户直购的政策文件，将该议题提升一个较为紧迫的高度	大用户直购主要是发电企业与用电大户之间的交易行为，但是受到电网企业的制约。作为国家电力体制改革的一项任务，电网企业有责任和义务配合执行。因此，企业对于该议题能够发动的资源非常有限
负责任采购	负责任采购是当前社会责任领域的特点议题，国家电网公司也将负责任采购作为重要课题开展了深入研究，在接下来的工作中，实施该议题的紧迫性较高。	电网企业在负责任采购中扮演的是甲方的角色，对于选择什么样的供应商，制定什么样的采购标准都具有很大的自主权，企业对该议题能够发动的资源很大
安全用电	确保客户安全用电是电网企业的首要职责，也是企业的常规工作之一。因此，作为议题管理，该议题的紧迫性一般	企业在调度、运行、检修和营销各个部门中均安排有专门的人员负责保证客户的用电安全，企业对该议题发动的资源较为丰富
提升供电服务水平	提升供电服务水平同样是电网企业的常规工作之一，是履行社会责任的具体体现。服务水平的提升是一个长期、循序渐进的过程，需要建立在客户不断新增的需求和技术水平不断发展的基础之上，该议题就目前而言，紧迫性程度一般	在该议题上电网企业不遗余力开展过很多工作也取得了客户的认可，要进一步提升供电服务水平，需要从智能化、移动互联网等视角出发，为客户提供更高品质和更为贴心周到的服务，这也就需要电网企业发动出自身范围以外的新的资源。目前企业在该议题上能够发动的资源较高
电网建设中的征地拆迁	电网建设中的征地拆迁一般发生在电网规划和建设阶段，该议题的紧迫性与企业的电网发展需求和推进进程有很大关系。电网企业推动的几项大的电网工程均面临征地拆迁的问题，该议题对企业的紧迫性较高	电网建设中的征地拆迁工作一般是由地方政府出面与村社及村民沟通协调，将征得的土地再划拨给电网企业进行建设。企业在该议题上能够发动的资源较少
战略性公益	战略性公益是当前公益慈善领域的热点话题，也是企业履行社会责任的新方向，战略性公益是追求企业与社会双赢的新的公益模式，越早开启对该议题的探索与实施就越容易在社会责任领域占得领先地位。该议题的紧迫性较高	战略性公益比传统公益会更需要协调和发挥内外部资源，供电企业在推动战略性公益方面拥有较多的资源

社会责任重点议题	紧迫性分析	资源可得性分析
员工安全健康	员工安全健康一直是社会责任领域内的重点议题，也是电网企业常规和重点工作之一。企业将安全放在生产运营的首位，建有完备的体系管理员工的安全健康问题，作为议题管理，该议题的紧迫性一般	员工安全健康是公司内部管理的工作之一，企业对该议题可以发动较多的资源，包括资金、人力、物力等。同时也可以借助外部安全、医疗、心理等相关领域的专家及技术资源更好地管理员工安全健康议题
促进清洁能源发展	随着我国资源环境形势的日益严峻，发展清洁能源是实现能源结构转型和改善环境质量的重要抓手，该议题的紧迫性程度很高	供电企业在促进清洁能源发展方面以配合协助为主，能够在该议题上发动的资源相对有限
电能替代	电能替代是国家电网公司为雾霾治理而提出的一项战略，基于雾霾议题的敏感性和治理的急迫需求，该议题的紧迫性也很高	电能替代涉及到对煤炭、石油等传统能源利用模式、设备和技术的替代，是一项庞大的系统工程，企业在该议题上能够发动一定的资源，但是离不开地方政府和相关产业的大力支持和协助
电磁辐射	电磁环境辐射在公众中有很强的敏感性，也对电网企业的建设构成直接的影响，每年因电磁辐射阻工电网建设的事件频频发生，该议题的紧迫性很高	电网企业在电磁辐射问题上需要做的工作就是加强宣传教育和沟通，消除公众对电力系统电磁辐射的误解。公司在该议题上能够发动较多的资源
应对气候变化	气候变化是前几年的热点话题，目前，随着世界经济的整体放缓，社会各界对该议题的重视程度有所降低。该议题的紧迫性也随之放缓	对应气候变化是一项复杂的系统工程，需要涉及能源、产业、交通、气象、市政、安全等各个领域的配合，电网企业在应对气候变化能够发动的资源相对有限
雾霾	雾霾是当前我国环境问题的重中之重，是迫切需要解决的重大污染问题。该议题的紧迫性极高	雾霾治理同样是一项复杂的系统工程，电网企业可以从能源、交通等角度为雾霾治理做出相应的应对策略，企业能够发动较多的资源
社区关系改善	创新的社区关系改善模式，是社会责任沟通管理的一项创新型实验，全面加强与社区沟通也是电网企业建设良好发展环境的重要内容之一，该议题的紧迫性较高	社区关系改善具有一定的实践基础，供电企业在长期的实践中积累了丰富的经验和方法，因此，企业在该议题上可以发动较多的资源和支持
利益相关方参与	该议题牵涉众多的利益相关方，也是对企业现有沟通协调机制的一种全新的改革与重构，需要一个相对漫长和循序渐进的过程。因此，该议题的紧迫性一般	利益相关方参与不仅仅是电网企业自身的事情，需要得到政府、客户、员工、发电企业、供应商等众多利益相关方的参与和配合，企业在该议题上能够发动一定的资源

社会责任议题实施的优先序列

经过对筛选出的重点议题的紧迫性和资源可得性分析，可以列出供电企业议题实施的优先序列。

▼ **供电企业社会责任议题实施优先序列表**

议题优先序列		管理思路
优先议题	大面积停电事故、负责任采购、电能替代、电磁辐射、保障设施农业用电需求、社区关系改善	作为当年优先议题，制定议题实施管理方案，组织议题实施和监测及成果汇总
次优议题	重大活动保供电、农网升级改造、保护电力设施、大用户直购、安全用电、提升供电服务水平、电网建设中的征地拆迁、战略性公益、员工安全健康、促进清洁能源发展、应对气候变化、雾霾、利益相关方参与	作为当年次优议题，实施议题跟踪监测，分析议题发展动向，在必要情况下纳入来年的优先议题

供电企业社会责任优先议题管理框架

大面积停电事故

议题来源

大面积停电事故是指因自然灾害、外力破坏或生产事故等原因引起的连锁反应而导致的区域电网大面积停电。大面积停电事故与电网企业和广大公众的利益休戚相关，其社会影响恶劣、破坏性大，是电网企业首要防范的内容。该议题来源于对电网企业社会责任分析和利益相关方诉求调查。

议题实施前期调查

利益相关方调查

调查范围：调查对象包括用电大户、居民客户等，尤其重点调查对电力极其敏感和依赖的客户。

调查内容：用电客户对发生大面积停电事故的容忍度如何？用电客户自身是否有完善的大面积停电的应急机制？是否开展过大面积停电应急演练？用电客户对于防范大面积停电有何意见或建议？

内外部环境分析

内部分析：企业近三年发生的大面积停电事故、原因、应对机制和造成的影响有哪些？企业现有的大面积停电防范机制是什么？企业针对大面积停电开展过哪些宣传教育活动？

外部分析：防范大面积停电需要的外部资源的可得性如何？如何实现与政府的公共安全防范机制的对接与协调？

议题应对策略

大面积停电事故是一项对社会带来极大负面危害的议题，企业应采取主动预防策略，完善管理运行机制，最大程度预防大面积停电事故的发生；同时，协调社会资源超前部署应急机制，努力将大面积停电事故的社会影响降到最低。

议题实施方案

大面积停电事故防范方案

▶ 对电网规划、建设、运行、检修各个职能部门及上下游企业开展系统分析与隐患排查，防范大面积停电事故的发生；

▶ 与政府的公共危机防范平台对接，建立联动协调机制共同预防大面积停电事故的发生；

▶ 加强对用电客户及公众电力设施保护、用电安全等知识的培训，预防大面积停电事故的外部因素。

大面积停电事故应急方案

▶ 修订完善大面积停电事故应急预案，确保企业应急机制能够快速有效应对事故的发生；

▶ 指导用电客户建立大面积停电事故应急机制；

▶ 协调政府、用电客户等利益相关方定期开展大面积停电事故的应急演练。

大面积停电事故沟通方案

▶ 加强对客户大面积停电事故发生原因及应对策略的宣传培训，最大程度获取客户对事故的理解度，提高客户应对能力；

▶ 健全大面积停电事故发生的沟通协调机制，建立高效的信息发布平台和意见反馈渠道。

议题实施职责分工

机构名称	职责	任务
应对大面积停电项目组	总负责	负责"应对大面积停电事故"的统筹设计与推进
运检部	协助	从电网运行角度制定预防大面积停电方案并实施
发展策划部	协助	从电网规划角度制定预防大面积停电方案并实施
建设部	协助	从电网建设角度制定预防大面积停电方案并实施
营销部	协助	客户培训及沟通
社会责任管理办公室	协助	外部资源协调与沟通
其他职能部门及子公司	配合执行	充分配合"应对大面积停电事故"的方案编制与执行

负责任采购

议题来源

负责任采购是指将履行社会责任的理念和要求全面融入企业的采购全过程中，以保证企业所采购的产品和服务是饱含"责任"的，同时也确保企业的采购交易行为是负责的。负责任采购是 ISO26000 等诸多社会责任标准中提倡的议题，也是媒体和社会责任业界极为关注并积极推进的议题。国家电网公司也主动开展了负责任采购的课题研究。

议题实施前期调查

利益相关方调查

调查范围：主要调查受本议题影响的重点供应商

调查内容：供应商现有的社会责任实践状况如何？对企业开展负责任采购的支持与合作意愿如何？对企业开展负责任采购有何意见和诉求？

内外部环境分析

内部分析：企业实施负责任采购的现有比例是多少？企业现有采购政策中对供应商履责的要求及落实情况如何？企业现有的采购流程和运行机制是什么？国家电网公司负责任采购研究成果是什么？

外部分析：国家政策和社会责任标准倡议及公约中对负责任采购的要求是什么？同行业标杆企业中实施负责任采购有何情况和经验？

议题应对策略

对于负责任采购这项逐渐进热点期的社会责任议题，企业应采取积极引导策略，主动引导供应商对社会责任的重视和践行，主动引导同行业企业对负责任采购的交流与分享，主动引导媒体及公众对于企业负责任采购的关注与了解，着力打造负责任的产业链与生态圈。

议题实施方案

负责任采购之管理方案

对内部改善方案

▶ 优化采购流程，简化采购程序，提高供应商的办事便捷性和效率；

▶ 完善"三公采购"的工作流程与监督机制，确保企业采购的公平、公正与公开；

▶ 建立对采购人员的反腐败培训、监督与考核机制。

外部促进方案

▶ 结合企业实际，将环境、人权、劳工与社会等社会责任理念与要求写入企业采购政策；

▶ 对重要供应商建立社会责任审查制度、督促整改与采购退出机制，促进供应商履行社会责任；

▶ 建立供应商履责信息库，搜集供应商履责信息与重大负面新闻报道等，适时掌握供应商的履责动态，并与供应商建立沟通反馈机制；

▶ 开展供应商社会责任能力建设项目，提高供应商履责意识与能力。

负责任采购之传播方案

▶ 发挥媒体、社会组织、公众等社会资源，监督和参与企业的负责任采购；

▶ 总结提炼企业负责任采购模式与案例，编制成相应的成果对外发布；

▶ 在关于负责任采购的会议、论坛或交流活动中发表企业负责任采购的实践与经验。

议题实施职责分工

机构名称	职责	任务
负责任采购项目组	总负责	负责"负责任采购"的统筹规划与推进
社会责任管理办公室	协助	实施"负责任采购"的资源协调和模式推广
物资供应中心、办公室等其他职能部门	协助	配合参与"负责任采购"的相关活动
下属单位	执行	执行管辖范围内的"负责任采购"要求

电能替代

议题来源

电能替代是国家电网公司于 2013 年 8 月为治理城市雾霾而提出来的一项战略，旨在发挥电能便捷、安全、清洁、高效等优势，面向终端能源消费市场，积极倡导"以电代煤、以电代油、电从远方来"的能源消费新模式，不断提高电能占终端能源消费比重。

议题实施前期调查

利益相关方调查

调查范围：调查对象为该议题影响的主要利益相关方，包括地方政府（如能源管理部门、市政管理部门、交通管理部门、环境管理部门等）、利用燃煤燃油的相关单位、电能设备供应商等。

调查内容：当地锅炉、热泵等采暖系统中的能源使用比例以及实施以电代煤的意愿和技术经济可能性如何？当地交通运输系统中能源使用比例以及实施以电代油的意愿和技术经济可能性如何？当地环境污染现状，环境与能源结构的关系如何？目前成熟投入应用的"以电代煤、以电代油"的电能设备和技术清单以及相应的成本是什么？

内外部环境分析

内部分析：企业以前在"电能替代"方面开展的工作、具备的基础和遇到的问题有哪些？企业实施"电能替代"战略需要从组织、人力、资金、技术等方面做哪些储备？

外部分析："电能替代"的社会与环境需求是什么？企业在"电能替代"方面可以利用哪些外部资源？如何尽力降低"电能替代"的负面影响？

议题应对策略

"电能替代"是国家电网公司结合雾霾治理、能源结构转型等现实需求和自身发展需要而提出的一项议题，应该采用率先发起策略。以先天下之忧的责任感，主动向社会传递"电能替代"的价值，赢得政府、媒体及公众的认可，为"电能替代"营造良好的社会氛围；同时建立完备"电能替代"工作机制和技术经济方案，确保"以电代煤、以电代油"的科学、平稳实施。

议题实施方案

电能替代的管理推进方案

▶ 成立"电能替代"推进工作组及服务团队，建立工作制度与模式；

▶ 联合政府、行业协会、设备供应商等利益相关方搭建"电能替代"协同工作体系；

▶ 制定"电能替代"的短期、中期和长期工作规划。

电能替代的技术经济方案

▶ 制定"电能替代"设备与技术清单；

▶ 核算"电能替代"的经济成本与社会效益；

▶ 综合技术、经济、社会等多方因素制定"电能替代"的设备与技术优先序列。

电能替代的社会传播方案

▶ 通过召开利益相关方沟通会、专题论坛、汇报会、一对一座谈、参观考察等多种形式，向相关的政府部门和用能单位传达企业"电能替代"的构想与思路，建立合作与协助的关系，共同推进"电能替代"工作的顺利实施；

▶ 将"电能替代"的经济社会环境价值做成可视化、易理解的宣传产品，向社会广泛传播，在广大公众中形成对电动产品的绿色认知；

▶ 总结汇编"电能替代"议题实施成果与案例，在国网系统内传播与借鉴。

议题实施职责分工

机构名称	职责	任务
电能替代项目组	总负责	负责"电能替代"议题的方案制定与推进落实
营销部	协助	协助"电能替代"过程中的营销服务工作
社会责任管理办公室	协助	负责"电能替代"的社会传播方案制定与落实
发展策划部、经济技术研究院	协助	负责"电能替代"的技术经济方案制定与落实
其他职能部门与子公司	配合	配合执行"电能替代"给予的工作要求

电磁辐射

议题来源

在电气化及通信高度发达的今天，电磁辐射现象广泛存在于我们生活出行的方方面面。其中，与电网企业相关的电磁辐射源主要包括高压输电线和变电站。电力系统的电磁辐射工频仅为 50Hz，远远低于移动通信基站 900~1800MHz 的频率，对人体几乎没有任何影响。但是，公众对电力系统的电磁辐射的科学原理并不知情，所以在电网建设中依然面临因电磁辐射原因而遭遇公众质疑和抗议的问题。这也是该议题被纳入优先议题进行管理的原因所在。

议题实施前期调查

利益相关方调查

调查范围：调查对象主要为受该议题影响的利益相关方，如高压线、变电站附近的居民，以及规划中的电网工程附近的居民。

调查内容：对电力系统的电磁辐射的了解程度和接受程度如何？电网工程建成前后生活环境有哪些变化？希望电网企业对电力系统的电磁辐射做哪些工作？

内外部环境分析

内部分析：企业以往因电磁辐射发生的阻工事件及解决途径有哪些？企业在日常的客户宣传教育活动中对电磁辐射知识的传播情况与效果如何？企业员工工作中接触电磁辐射的程度以及员工对于电磁辐射的了解程度和接受态度如何？

外部分析：行业协会或专业人士对于电力系统电磁辐射的研究与评价如何？其他通信行业企业应对该议题的做法与经验有哪些？

议题应对策略

电网企业的电磁辐射本身并不是一个有害健康或环境的大问题，其问题的关键在于社会公众对电力系统电磁辐射的误解。因此，应采取积极引导策略，通过广泛深入的教育、传播和沟通，引导社会公众对电力系统电磁辐射形成科学的认识和理性的态度。

议题实施方案

电磁辐射的内部改善方案

▶ 全面系统诊断企业工作环境中的电磁辐射强度与达标状况，对不达标的情况及时给予整改；

▶ 识别高强度辐射区域给予重点关注，包括实时监控辐射值、安装防辐射设备等；

▶ 做好员工防电磁辐射的硬件配套、知识培训和监督检查；

▶ 合理安排工段与作息，尽量减少员工暴露在高强度电磁辐射中的时间。

电磁辐射的社会传播方案

▶ 制作关于电力系统电磁辐射的海报、手册、折页等宣传品，向电力系统附近的居民进行散发和传播；

▶ 邀请电力系统附近居民和媒体到企业参观，现场测试电力系统的电磁辐射强度，并请外部专业人士对电磁辐射的强度及危害进行讲解，消除居民的恐惧心理；

▶ 编写电网企业的电磁辐射相关新闻报道、分析文章，制作漫画或宣传片等作品在媒体上进行发布，提高更多社会公众对电网企业电磁辐射的科学认识。

议题实施职责分工

机构名称	职责	任务
电磁辐射项目组	总负责	负责"电磁辐射"议题的方案制定与推进落实
营销部	协助	协助"电磁辐射"议题实施中的宣传服务工作
社会责任管理办公室	协助	负责"电磁辐射"的社会传播方案制定与落实
其他职能部门与子公司	配合	配合执行"电磁辐射"议题实施给予的工作要求

保障设施农业用电需求

议题来源

设施农业是在环境相对可控条件下，采用工程技术手段，进行动植物高效生产的一种现代农业方式。在这种农业生产模式下，持续稳定可靠的电力能源保障是其中的关键因素。该议题来源于利益相关方的调查分析，包括政府的期望和农民的诉求，需要纳入供电企业整体战略之中去考虑，是非常重要的议题。

议题实施前期调查

利益相关方调查

调查范围：调查对象包括地方农业部门、设施农业负责机构及涉及的农户等。
调查内容：农户对供电企业在供电服务方面的意见和期望有哪些？

内外部环境分析

内部分析：企业现有电网发展规划及工程项目是否能保障设施农业用电需求？需要哪些新增工程或项目？企业既有的为农业用电客户提供的供电服务活动有哪些？可为该议题提供怎样的资源共享与借鉴？

外部分析：设施农业的电力配套工程所需政策、土地、资金等外部资源条件有哪些？如何实现与设施农业建设所需如水力、通信等其他配套项目的资源协调与共享？如何在媒体对设施农业工程的宣传报道中体现电力的价值？

议题应对策略

设施农业的发展是当地政府始终高度关注的焦点和议题。供电企业应积极引导策略，主动解决设施农业发展中的用电需求，全方位加强供电服务对接，促进设施农业发展。同时做好对该议题的社会传播，引导公众关注供电企业为设施农业发展所做出的重要贡献。

议题实施方案

设施农业的电力保障方案

▶ 对接政府规划，在了解需求基础上布局电网规划；

▶ 建设设施农业电力配套项目及农网升级改造项目；

▶ 推进供电设施的智能化、信息化水平；

▶ 研发推广设施农业用电特色技术。

设施农业的供电服务方案

▶ 定期安排供电设施及线路的检修维护，确保供电可靠；

▶ 深入农业大棚开展安全用电知识培训；

▶ 加强沟通，广泛征求农户意见，改进供电服务。

保障设施农业用电的议题传播方案

▶ 定期编制保障设施农业用电需求的发展简报，向政府部门汇报；

▶ 联合新闻媒体对设施农业的社会价值、设施农业发展规划以及电力在其中
发挥的作用等进行深度报道；

▶ 制作电力服务设施农业发展的微电影或公益广告；

▶ 总结经验模式，编写保障设施农业用电需求的履责实践案例。

议题实施职责分工

机构名称	职责	任务
服务设施农业用电项目组	总负责	负责"服务设施农业用电需求"的统筹规划与推进
社会责任管理办公室	协调	负责"服务设施农业用电需求"的资源协调和模式推广
营销部（农电部）、运检部、发展策划部、建设部等其他职能部门	协助	配合参与"服务设施农业用电需求"的相关活动，如供电服务、电力设施检修维护、电网规划与配套工程建设等

社区关系改善

议题来源

社会责任联系点是供电企业社区关系改善创新模式的一个探索，国网朝阳供电公司结合"百千万"社会责任项目，进行了深入实践，通过在政府部门、产业集群、社区、棚户区、偏远山区等区域建设 1000 个社会责任联系点，建立企业与客户的长效沟通机制，从而改进供电服务，提升客户的满意度，促进社会和谐。

议题实施前期调查

议题实施之前需要调查了解利益相关方对该议题的期望和诉求，同时，需要对企业在实施该议题所具备的内外部环境进行调查与分析，为制定详细的议题实施方案奠定基础。

利益相关方调查

调查范围：调查对象为受该议题影响的利益相关方，包括地方政府部门、工业园区、城市社区居民、棚户区居民以及偏远山区的农户等。

调查内容：利益相关方对建立社会责任联系点的支持与协作态度如何？利益相关方对建立社会责任联系点的具体建议和期望是什么？

内外部环境分析

内部分析：企业已有的服务平台如缴费点、社区共建站等对建立社会责任联系点能提供哪些资源？企业已有的社会责任活动或供电服务活动对于社会责任联系点运转能给予哪些支持？企业现有的利益相关方沟通机制与社会责任联系点之间如何实现互补与协调？

外部分析：社区网格化管理对于社会责任联系点选址有何参考？当地其他企业的社会责任沟通合作模式对企业建立社会责任联系点有何借鉴？

议题应对策略

针对"社会责任联系点"这一具有创新性的社会责任议题，根据其竞争环境主导的积极型议题属性，企业将采取率先发起策略，通过率先构建与利益相关方的沟通联系平台，规范社会责任联系点的管理运行机制，策划相应的沟通及服务活动，实现企业与利益相关方的互动双赢。

议题实施方案

社会责任联系点管理方案

制度建设：

▶ 制定《国网朝阳供电公司社会责任实践"百千万"行动之建立千个社会责任联系点管理制度（试行）》；

▶ 制定《国网朝阳供电公司社会责任联系点工作实施细则》。

运作规范：

▶ 在联系点悬挂统一制作的"国网朝阳供电公司社会责任联系点"牌匾；

▶ 摆放资料架，统一准备规范的宣传资料；

▶ 张贴"供电社会责任联系点公示板"，公示供电联系人姓名和联系电话；

▶ 放置"国网朝阳供电公司社会责任联系点评议簿"。

社会责任联系点活动方案

▶ 发放一张供电服务联系卡；

▶ 公布一部供电片区负责人电话；

▶ 建立一本联系点管理工作记录簿；

▶ 每月开展一次走访；

▶ 每月进行一次工作总结；

▶ 每季度组织一次用电知识培训；

▶ 半年开展一次帮扶工作；

▶ 观察评议员每年走进一次供电企业。

议题实施职责分工

机构名称	职责	任务
社会责任联系点项目组	总负责	负责"社会责任联系点"的统筹规划与推进
社会责任管理办公室	协助	"社会责任联系点"建设资源协调和模式推广
营销部、工会、党群部等其他职能部门	协助	"社会责任联系点"建设资源协调和模式推广
下属单位	执行	执行管辖范围内的"社会责任联系点"的建设与运行

供电企业社会责任议题管理典型案例

案例一：服务设施农业　创造综合价值 🔍

议题的产生背景

山东寿光市地处山东半岛中北部，渤海莱州湾南畔，总面积 2072 平方千米，辖 14 处镇街道，1 处生态经济园区，975 个行政村，人口 107 万。寿光是冬暖式蔬菜大棚的发源地，也是我国最大的蔬菜生产基地，全市约 50 万人从事蔬菜产销业，蔬菜种植面积 84 万亩，年产蔬菜 450 万吨，被誉为"中国最大的菜篮子"。但是，寿光大棚蔬菜种植南北不均，南部乡镇大棚种植面积趋向饱和，北部濒海地区因土壤盐碱化而难以发展，制约了大棚蔬菜种植的规模效益。同时，由于大棚种植劳动强度大，亟需通过现代设施农业改进传统种植模式。

为从根本上解决寿光蔬菜产业发展中遇到的问题，2013 年，寿光市政府作出了实施"设施蔬菜沃土工程"的决策部署，大田改大棚、旧棚改新棚，发展现代高科技蔬菜大棚，并从财政拿出 12 亿元资金给予扶持。"设施蔬菜沃土工程"，是现代设施农业的一场变革，对于寿光市 50 万菜农而言，犹如一场及时雨，给这片绿色的土地带来了新的希望，也给寿光市农业、农村和农民带来了一场巨变。

设施农业是在环境相对可控条件下，采用工程技术手段，进行动植物高效生产的一种现代农业方式。发展设施农业对电力依赖性很高，稳定、可靠、及时的供电将对设施农业的发展起到关键作用。为此，国网寿光市供电公司主动将"服务设施农业用电"作为一项社会责任议题纳入企业的战略管理之中，全力保障大棚"两改"和设施农业发展。

议题的价值分析

寿光市政府实施的"设施蔬菜沃土工程",是符合当地农业经济实际的发展之路,是切实服务"三农"的现实选择。电力与设施农业的建设密切相关。国网寿光市供电公司提出的"服务设施农业用电"议题,无论对社会还是对企业自身都将带来显著的价值和机会。

议题的社会经济价值

该议题旨在为设施农业的发展提供贴心及时的电力保障和服务,惠及的不仅仅是 50 万菜农的根本利益,更是为寿光市农民增收、产业升级和社会就业做出积极贡献。据测算,20 万个现代高科技蔬菜大棚投产后,可实现农民人均增收 12000 元,拉动二、三产业实现产值 60 亿元。

议题的环境价值

设施农业是一种更为高效集约利用土地的农业生产模式,有利于节约土地,减少对生态环境的破坏。特别是通过土壤改良,过去寸草不生的盐碱地变成了菜农的"聚宝盆",大大减轻了农业用地压力。而电力的广泛应用也最大程度地减少了设施蔬菜生产流通环节的环境污染。

议题的竞争力价值

该议题是对寿光市政府"三农"工作的积极回应和支持,充分体现了供电企业服务政府工作大局、服务地方经济发展的责任理念,有利于进一步加深与地方政府的沟通合作,提高供电企业与广大农户的接触和交流,为供电企业发展营造良好的社会环境。

议题的应对策略

发展设施农业是解决寿光市蔬菜大棚种植瓶颈的重要途径,随着大棚"两改"工程的提出,设施农业在寿光市受到高度重视和关注,人民日报、新华社等媒体对寿光的设施农业发展进行了专题报道,设施农业在当地成为热门议题。

国网寿光市供电公司高度重视,提出了"大棚建到哪里,电就送到哪里"的工作目标,并采取积极引导策略,主动解决大棚种植的用电需求,全方位加强供电服务对接,促进大棚"两改"和设施农业发展。同时做好对该议题的社会传播,引导公众关注了解寿光设施农业发展及供电企业做出的贡献。

议题的实施举措

国网寿光市供电公司坚持"你用电·我用心"服务理念，在市政府的支持下，与市农工委、经信局、财政局、安监局等 12 个部门联合组建了"菜农之家"服务联盟，印发了《供电服务告棚友书》，郑重承诺：始于棚友需求、终于棚友满意、高于棚友期待。优先建设设施农业电力配套工程，优先满足大棚区用电负荷增长需求，优先为大棚分布式光伏并网提供服务。定期开展设施农业用电设备巡检，定期进行大棚安全用电培训。截至 2016 年底，国网寿光市供电公司已建成供电服务设施农工业实践示范区 36 个，直接服务菜农 5 万户，有力推动了农业转型、农村发展和农民增收。

▼ **国网寿光市供电公司服务蔬菜产业主要举措**

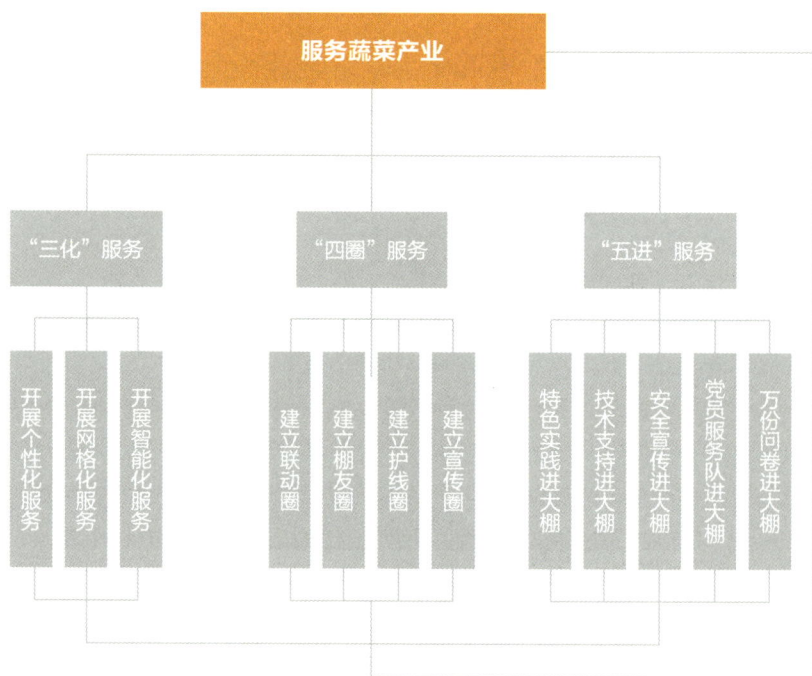

"三化"服务蔬菜产业持续发展

现代高科技蔬菜大棚，广泛采用自动卷帘机、水肥一体机、智能放风机、自动温控系统等新技术、新设备，小温室变成了农业"大车间"，对供电可靠性、电能质量要求很高，一旦停电，温湿度异常就给大棚蔬菜造成损失。国网寿光市供电公司认真研究具体情况，针对大棚区实施"三化"服务：一是开展智能化服务。在充分了解需求的基础上，争取资金实施"机井通电"工程，对大棚区电力设施进行智能化改造升级，为大棚蔬菜生产和农民增收提供电力保障。二是开展网格化服务。在"全能型"供电所建设基础上，各供电所配置台区经理 268 名，为 24 万个农村低压客户以及对应的大棚台区提供网格化服务。实行网格内业务"经理负责制"和"协同工作制"、网格外资源"统筹调配制"，一个供电服务网格内的台区经理相互支援配合，协同开展运维检修和故障抢修服务，实现人员互为支撑、工作有监护、质量有监督，赢得了菜农的信赖和好评。三是开展个性化服务。棚里种菜，棚外发电，是寿光蔬菜产业升级的又一选择。国网寿光市供电公司从营销、运检、安监等多个部门挑选业务骨干，组建"用电安全诊断师"和"用电技术诊断师"两支队伍，为大客户提供个性化的增值服务。目前，寿光市共投运大棚分布式光伏发电项目 420 个、总容量 233.9 兆瓦，规模居山东省之最。

"四圈"保障大棚用电无忧

菜农大棚种植作业频繁，按照种植规律，一年之中更换棚膜、覆遮阳网等七个作业阶段，都可能对线路运行构成直接威胁。国网寿光市供电公司采取多种措施，为菜农打造"空中安全走廊"。一是建立"联动圈"，打造点线面立体防控体系。开通防外破热线，强化隐患排查治理一体联动。建立"响应快速、内转高效"的问题处理机制，实行"潍电义工"、运维检修部、输电运检室等专业部门一体联动，提高隐患处理效率和质量。制定"二十四节气表"，强化危险点防控一体联动。二是建立"棚友圈"，构筑大棚交流互动平台。会同专业部门建立完善寿光市大棚户档案信息，逐线逐户确定包靠义工与护线专责，建立大棚户、义工与业务指导的"棚友圈"，组建"潍电义工"护线微信群，打造集专业防控知识传播、线下安全作业交流、问题响应解答、建议意见征集等于一体的互动平台。三是建立"护线圈"，形成群防群治的防外破格局，深入实施"潍电义工"百千万公益宣讲，举办安全用电知识讲座，发放大棚防外破台历、动漫宣传画及宣传手册等多种形式积极争取广大菜农的利益认同及理解支持。四是建立"宣传圈"，营造政府部门多方协管氛围。当好公司专业部门的"航向标""连心桥"，促进专业部门加强与当地政府、经信局、发改委等政府部门的沟通联系，为防外破工作开展打好基础。加强与社会新闻媒体的紧密联系，通过召开大棚防外破治理新闻发布会、"媒体看电力"沟通交流会等特色活动，引导媒体记者积极关注防外破治理工作。

"五进"助力"棚友"增收

设施蔬菜生产不同于传统的大棚蔬菜种植模式，随着水肥一体机、智能放风机等高科技设备的推广应用，对安全可靠供电提出了更高的要求。国网寿光市供电公司主动对接地方政府和广大菜农，实施"五进"服务。一是万份问卷进大棚，向农户发放一万份调查问卷，广泛征求意见和需求，并组织召开利益相关方座谈会，与乡镇政府、棚户代表共同研究设施蔬菜供电服务模式，明晰大棚供电设施产权边界，优化停电信息发布等供电服务方式。二是党员服务队进大棚，定期为菜农检查农灌线路，帮助处理线路缺陷。三是安全宣传进大棚，针对棚户安全用电意识薄弱、知识贫乏等问题，开展警示挂图进棚户活动，将农村触电事故案例漫画挂进大棚，起到了良好的警示教育作用。四是电力技术支持进大棚，结合大棚蔬菜农时特点，组织供电所配电技术人员走进大棚，传授电力设备维护知识，研发新技术，帮助农户解决机械卷放帘机、自动温控系统等电器功率选择、雨雪等特殊天气下电器安全使用等问题，有效保障棚户用电安全，有效提高了棚户生产效率。五是特色实践进大棚，建立35万份农户档案，将"棚友"相关信息及大棚用电情况录入档案信息系统，并逐步为大棚区更换智能电表，推动用电管理精细化、智能化、个性化。

议题的实施成效

"设施蔬菜沃土工程"实施以来，寿光市设施蔬菜产业以前所未有的态势蓬勃发展。截至2016年底，寿光设施蔬菜种植面积超过85万亩，蔬菜产业年产值达到400亿元，对农民人均纯收入贡献超过80%。

"设施蔬菜沃土工程"，不仅是农民增收的重要来源，也是解决农村就业的稳定剂，更是提升农业现代化水平的加速器。同时，促进了蔬菜发展的规模化、产业化和现代化。当代新式蔬菜大棚，广泛采用自动卷帘机、水肥一体机、自动温控系统等新技术、新设备，与原来的人工操作相比，工作效率至少提高4倍，大大减轻了菜农的劳动强度，提高了蔬菜生产品质，加快了农业现代化进程。

国网寿光市供电公司大力支持设施农业发展，赢得了各级领导的高度赞扬，并获得了多项荣誉。公司被国家电网公司授予"配电网标准化建设改造创建活动达标单位"，被山东省政府授予"富民兴鲁"劳动奖状，被寿光市委、市政府授予"突出贡献企业"。寿光市党政领导多次批示，对公司工作给予高度评价，彰显了良好的社会形象。

案例二：建设社会责任联系点　搭建"五位一体履责平台" 🔍

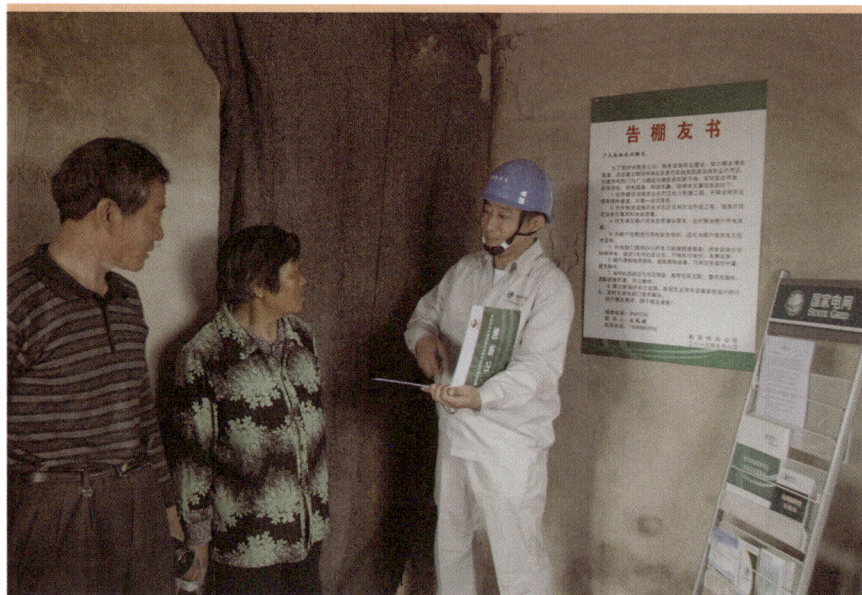

议题的产生背景

2012 年，国网朝阳供电公司被列为国家电网公司全面社会责任管理试点的首批地（市）级单位，从此公司的社会责任工作开始驶入快车道。如何将社会责任与公司生产运营更好地融合？如何进一步提高公司与利益相关方的沟通与合作？如何更为有效地发挥供电企业的经济价值、社会价值和环境价值？这一系列问题都纳入公司思考的范畴。

在开展社会责任管理试点之前，公司的供电服务、社区沟通、社会公益等分别由不同的部门负责，缺乏统一的行动安排和固定的对话接口，居民用户的意见诉求难以有效传达给公司相关部门，公司开展的服务活动也缺乏强大的社会影响力和品牌带动力。随着公司社会责任管理试点工作的不断探索和深入实践，公司提出了"供电企业要做地方经济快速发展的支撑者、城乡社会和谐进步的推动者、民生三农和设施农业的助力者"，创新策划了社会责任"百千万"行动，即对接全市 100 个重点项目、建立 1000 个社会责任联系点、服务 10000 户设施农业户。建立社会责任联系点就在此应运而生。

议题的价值分析

社会责任联系点是由国网朝阳供电公司首创的社会责任沟通实践新模式，无论是对客户还是对企业自身都具有重要的价值。

社会价值

社会责任联系点的建立，将大大提高客户与供电部门之间的联系，畅通沟通渠道，确保公司的每一项服务都是建立在客户需求和建议的基础之上，实现公司内部工作外部化和外部期望内部化，让客户享受更加贴心感人的服务。

社会责任联系点将覆盖居民社区、偏远山区和棚户区等平常供电服务不常涉及的地方，有助于让优质的电力服务惠及每一个角落、每一位用户。

竞争力价值

社会责任联系点的建立，在公司与居民客户之间设立一个常态化的对接口，有利于公司及时充分掌握群众的意见和不满，及时作出回应，将公司与居民客户之间的矛盾降到最低，减少公司的运营风险。

同时，社会责任联系点的建立，使得公司的社会沟通、社会公益活动有了更为固定的平台和载体，能够更大程度地发挥公司的履责资源和效益，提高公司的社会责任形象。

议题的应对策略

社会责任联系点是一个新生事物，是企业与社会沟通的一种新模式。鉴于该议题极大的社会价值，国网朝阳供电公司将采取率先发起策略，即率先发起社会责任联系点这一新概念，规范社会责任联系点的管理运行机制，策划相应的沟通及服务活动，总结社会责任联系点的典型案例和经验，在公司内外广泛传播，让社会责任联系点与公司之间形成品牌联动，使得公司成为社会创新、社区沟通的典范。

议题的应对举措

在社会责任联系点建设的管理实践中，国网朝阳供电公司积极探索，深入调研，在立足企业的实际情况和利益相关方需求的基础上，通过创新服务提升平台、搭建"居民连心桥"、建设民意信息平台、开创服务直通车等多种举措，实现社会责任联系点的"五位一体"功能。

创新服务提升平台

公司实施"两年规划，五位一体，八个一服务"，打造了提升供电服务品质、密切联系群众、创建社会管理的新平台。联系点发挥宣传供电政策、联系城乡用户、评议服务质量、协助公司加强风险管控、提升管理水平五项功能；联系点均发放一张供电服务联系卡、公布一部供电片区负责人电话、建立一本管理工作记录簿和联系点档案、每月开展一次走访、每月进行一次工作总结、每季度组织一次用电知识培训、半年开展一次帮扶工作、每年组织联系点代表走进一次供电单位。联系点建设多元推进，覆盖了政府部门、产业集群、社区、棚户区、偏远山区，实现了供电企业与用户间的互动联系、互信沟通、互相支持、互利共赢。

搭建"居民连心桥"

公司紧密衔接社区网格化管理和市政府 10 分钟便民服务圈建设，在联系点搭建了社区、小区、台区联动服务平台，将供电台区与社区网格同步，将台区抄收员与网格管理员结对，通过社区联系点使用电知识宣传、电力抢修、电力设施保护、客户信息更新、服务监督、特殊群体帮扶等工作得到显著优化。公司依托社区联系点建立了社会责任观察评议机制，聘请了 36 名社区观察评议员，邀请他们参观 95598 工作站、抄核收工作现场，现场体验供电企业的精细化管理和人性化服务。公司通过联系点将供电信息及时传递给用户，用户通过联系点向公司反映意见和需求，形成了双通道的良好互动。公司根据居民反映较多的不熟悉办电流程、不会使用自动缴费机问题，拍摄了专题教学片；市场部在联系点现场办公，解决了新建小区用电过户难题。公司与联系点共同宣传"省电达人 19 招"，"用电设施产权分界规定"，联手组织用电知识讲座，建立特殊用户档案，为贫困居民送去米面油，传递了心电相连的正能量。

建设民意信息平台

北票棚户区改造工程是一项大型民心工程，总投资 11.34 亿元，拆建住宅 60 万平方米，涉及居民 16000 户，电力配套拆旧、新装非常集中，任务异常繁重。公司认真研究棚改拆迁计划，以此为履责重点，在冠山、桥北、三宝、台吉、城关等棚改重点区域设立联系点，对接棚改办、社区，对"迁出搬进"各环节实施特色服务。一是拆迁办电集中式服务。由于规定了"先拆迁者先选房"，用户扎堆抢办用电拆装业务的现象非常普遍，北票县公司在联系点开通棚改供电服务热线，实施一条龙现场办公，帮助用户一次性办结，一天之内最多办理了 400 户用电拆装，创下了业务办理数量新记录。二是建设用电超前式服务。公司通过联系点协助施工单位收集资料、反馈业扩报装信息，组建联合护线队，加强对施工线路巡视，保障棚改配电工程快速推进，为棚户区建设争取了时间。三是回迁送电连锁式服务。在配电工程竣工验收及居民迁入期间，公司在联系点常驻服务人员，协助施工单位整改工程隐患，现场办理用电手续，保证了迁入居民一领到钥匙马上就能用电。

开通供电服务直通车

朝阳市面积 1.97 万平方千米，占辽宁省的七分之一，偏远山区用户相对较多，部分地区供电半径大、服务半径长，山区居民交费难等问题很突出。公司依托农行惠农卡交费点，在偏远山区建立社会责任联系点，开展电话转账交费业务，解决了交费难问题。公司基层供电所和偏远山区联系点对接，利用联系点整合群众护线员队伍，宣传安全用电及电力设施保护知识，组织触电急救培训，及时传递供电故障信息，提高了农村安全用电水平和应急抢修效率。

议题取得的成效

社会责任联系点经过近一年的试点运行，在经济效益、社会效益和管理效益等方面均取得显著成效。

经济效益

由于联系点的建设，扩宽了企业与客户的沟通渠道，使沟通更顺畅，信息传递更迅速，客户报修和供电抢修更及时，大大缩短了客户的停电时间，为公司增加了售电量，为客户减少了由于停电而造成的经济损失。

在偏远山区建立社会责任联系点和农行惠农卡交费点，开展电话转账交费业务，既解决了偏远客户交费难的问题，又为当地居民节约往返供电营业厅交费的交通费用，为客户创造了经济效益。

良好的沟通，增加了客户与供电企业的互动，许多客户成为公司的义务护线员，及时通报电力设施损坏信息，阻止破坏电力设施行为，减少因电力设施损坏而造成的供电企业和用电客户的双方经济损失。

社会效益

社会责任联系点的规范运行和各种活动的有效开展，增强了百姓对供电企业的关注度、信任度和认可度，在电力设施受到破坏等事件发生时，社会责任联系点负责人能够主动地向供电责任人传递信息，建立了良好的沟通平台与和谐的客企关系。

公司高度重视联系点反馈上来的信息，积极进行多方协调，促进客户合理诉求得到妥善解决。针对多家宗教场所反映希望对宗教场所生活用电执行居民电价的问题，公司对辖区内的所有宗教场所电价执行情况开展了专项调查。对客户提出的诉求，积极与省公司和市物价局进行沟通。2013 年 10 月 22 日，辽宁省电力公司正式通知，根据省物价局有关规定，对宗教场所（不包括对外经营性场所）执行居民电价的非居民用电电价标准，1 千伏以下 0.52 元 / 千瓦时，1 千伏以上 0.51 元 / 千瓦时。公司已于 2013 年 11 月 1 日正式执行。

管理效益

社会责任联系点建设工作促进了各县供电公司对如何在供电一线为客户更好履责的深度思考，探索出从不断提升内部管理到积极服务外部管理的管理理念的提升。朝阳县供电公司在社会责任联系点建设管理实践中，与县农经局、财政局、经信局等部门、单位共同组建了农民专业合作社服务联盟，以管委会成员身份参与南双庙设施农业发展规划、建设施工、进入市场的全过程，将供电服务因素纳入到政府管理流程，既确保政府和客户在施工中同步考虑电力供应，避免电能不足或二次施工等事件发生，又使供电公司电力建设工程受阻等问题在源头上得到解决。

社会责任联系点已成为广大客户反映诉求、向供电企业建言献策的有效途径，正确的诉求和良好的建议拓宽了公司的工作思路，也可以有的放矢地解决百姓的实际问题。根据社会责任联系点反馈的信息和第三方评价所反映的问题，公司对营业场所的标识、硬件设施、软件服务进行了检查和整改。对联系点反映的在社区建立自助交费终端问题，正在多方协调，请求技术支持，积极解决。

由于形成闭环管理，在公司管理水平不断提升的同时，客户满意度不断提升。截至 2014 年 9 月底，公司的百万用户投诉率指标已由联系点建立前的 21.28% 下降到 4.2%，在辽宁省排名第一；民心网对辽宁省暗访情况排名由一季度的第八名提升到二季度的第五名。

工具篇

议题识别与
收集工具包

议题分析与
筛选工具包

议题策划与
实施工具包

议题监测与
评价工具包

议题管理规范性
文件编制工具包

工具4-2
议题管理绩效
考核工具

工具4-3
社会责任议题
管理评价标准

工具4-1
议题实施监测
评估工具

议题监测与评
价工具包

工具1-1
社会责任标准
中的议题集

工具1-2
利益相关方
需求调查

议题识别与收
集工具包

工具1-3
社会舆情
监控工具

工具3-1
议题实施方案
编制应用工具
（鱼骨图分析
工具/SWOT分
析工具/5W1H
分析工具）

议题策划与实
施工具包

工具3-2
议题传播
工具简介

议题分析与筛
选工具包

工具2-1
社会责任议题
分析框架

工具2-3
议题实施优先序
评价方法与工具

工具2-2
议题重要性
筛选方法与工具

议题管理的规范性文件编制工具包

工具5-1
议题管理
工作方案大纲
编制大纲

工具5-2
议题申报
规范表格

工具5-3
议题实施
方案大纲

工具5-4
成果化
规范体例

议题识别与收集工具包

社会责任议题识别与收集的途径包括：管理层提议社会责任议题、从各单位征集社会责任议题、内外部专家分析提出社会责任议题、对标社会责任标准中的议题、向外部利益相关方收集议题、社会舆情调查热点公共话题等。

工具 1-1 社会责任标准中的议题集

本手册共收集整理了国内外最具代表性的几项社会责任政策和标准中涉及的社会责任主题和议题，为企业开展社会责任议题收集提供参考和借鉴。

《关于中央企业履行社会责任的指导意见》中的社会责任议题

《关于中央企业履行社会责任的指导意见》是由国务院国资委2007年12月29日制定发布，以指导中央企业全面贯彻党的十七大精神，深入落实科学发展观，推动中央企业在建设中国特色社会主义事业中实现可持续发展，履行相应的社会责任。指导意见共提出中央企业的8项履责内容，约38项议题。

《关于中央企业履行社会责任的指导意见》中的社会责任议题列表 ▶

主题	议题	
坚持依法经营诚实守信	▶ 遵守法律法规和社会公德、商业道德以及行业规则 ▶ 及时足额纳税 ▶ 维护投资者和债权人权益 ▶ 保护知识产权	▶ 忠实履行合同 ▶ 恪守商业信用 ▶ 反对不正当竞争 ▶ 杜绝商业活动中的腐败行为
不断提高持续盈利能力	▶ 完善公司治理 ▶ 优化发展战略	▶ 强化企业管理
切实提高产品质量和服务水平	▶ 保证产品和服务的安全性 ▶ 改善产品性能 ▶ 完善服务体系	▶ 保护消费者权益 ▶ 妥善处理消费者提出的投诉和建议
加强资源节约和环境保护	▶ 开展节能减排 ▶ 发展节能产业 ▶ 开发节能产品	▶ 发展循环经济 ▶ 实施清洁生产
推进自主创新和技术进步	▶ 建立和完善技术创新机制 ▶ 加快高新技术开发和传统产业改造	▶ 实施知识产权战略
保障生产安全	▶ 严格落实安全生产责任制 ▶ 提高应急管理水平和应对突发事件能力	▶ 保障职工职业安全健康
维护职工合法权益	▶ 依法与职工签订并履行劳动合同 ▶ 坚持按劳分配、同工同酬 ▶ 按时足额缴纳社会保险 ▶ 杜绝职业歧视	▶ 加强职业教育培训 ▶ 创造平等发展机会 ▶ 民主管理 ▶ 关心职工生活
参与社会公益事业	▶ 积极参与社区建设，鼓励职工志愿服务社会 ▶ 热心参与慈善、捐助等社会公益事业	▶ 应对重大自然灾害和突发事件

ISO26000 中的社会责任议题

《ISO26000：组织的社会责任指南》是国际标准化组织历时 10 年研究开发的适用于所有社会组织的社会责任国际标准，确立了 7 大社会责任主题、37 项社会责任议题，发布于 2010 年 11 月 1 日。

▼ **ISO26000 中的社会责任议题列表**

主题	议题	
组织治理	‣ 组织治理	
人权	‣ 尽责审查 ‣ 人权风险状况 ‣ 避免同谋 ‣ 处理申诉	‣ 歧视和弱势群体 ‣ 公民权利和政治权利 ‣ 经济、社会和文化权利 ‣ 工作中的基本原则和权利
劳工实践	‣ 就业和雇佣关系 ‣ 工作条件和社会保护 ‣ 社会对话	‣ 工作中的健康与安全 ‣ 工作场所人的发展与培训
环境	‣ 防止污染 ‣ 资源可持续利用	‣ 减缓并适应气候变化 ‣ 环境保护、生物多样性与自然栖息地恢复
公平运营实践	‣ 反腐败 ‣ 负责任的政治参与 ‣ 公平竞争	‣ 在价值链中促进社会责任 ‣ 尊重产权
消费者问题	‣ 公平营销、真实公正的信息和公平的合同实践 ‣ 保护消费者健康与安全 ‣ 可持续消费 ‣ 消费者服务、支持及投诉和争议处理	‣ 消费者信息保护与隐私 ‣ 基本服务获取 ‣ 教育和意识
社区参与和发展	‣ 社区参与 ‣ 教育和文化 ‣ 就业创造和技能开发 ‣ 技术开发与获取	‣ 财富与收入创造 ‣ 健康 ‣ 社会投资

GRI 4.0 中的社会责任议题

《GRI 4.0：可持续发展报告指南》是由全球可持续发展报告倡议组织于 2013 年 5 月 22 日编制发布的第四版可持续发展报告编写指南，主要用于指导企业披露公司的可持续发展管理与绩效。《指南》确立了 6 大可持续发展主题，共计约 43 项议题。

▼ **GRI 4.0 中的社会责任议题列表**

主题	经济	环境	劳工实践	人权	社会	产品责任
议题	‣ 经济绩效 ‣ 市场份额 ‣ 间接经济影响 ‣ 采购实务	‣ 材料 ‣ 能源 ‣ 水 ‣ 生物多样性 ‣ 废气 ‣ 废水废弃物 ‣ 环保产品和服务 ‣ 环保合规 ‣ 交通运输中的节能降耗 ‣ 供应商环境评估 ‣ 环境申诉机制	‣ 雇佣 ‣ 劳资关系 ‣ 职业健康与安全 ‣ 培训和教育 ‣ 多元化与机会均等 ‣ 男女同工同酬 ‣ 供应商劳工实践评估 ‣ 劳工实践申诉机制	‣ 投资 ‣ 非歧视 ‣ 结社自由和集体谈判 ‣ 童工 ‣ 强制和强迫劳动 ‣ 安保实务 ‣ 原住民权利 ‣ 供应商人权评估 ‣ 人权申诉机制	‣ 当地社区 ‣ 反腐败 ‣ 公共政策 ‣ 反竞争行为 ‣ 合规 ‣ 供应商社会影响评估 ‣ 社会影响申诉机制	‣ 消费者健康与安全 ‣ 产品和服务标识 ‣ 营销传播 ‣ 消费者隐私

工具 1-2 利益相关方需求调查

对利益相关方开展需求调查，是全面收集利益相关方诉求期望进而确立与之利益密切相关的社会责任议题的重要手段和工具。在开展利益相关方需求调查之前，首先需要对利益相关方进行分类，针对不同类型的利益相关方设计不同的调查问卷和调查方式，再综合调查的结果分析提炼出受到利益相关方密切关注的社会责任议题。

利益相关方分类

对利益相关方的分类有许多工具和方法，这里参考的是弗里曼（Freeman，1984）的利益相关方分类方法，从所有权、经济依赖性和社会利益三个不同的角度对利益相关方进行分类。

▼　**供电企业利益相关方分类列表**

分类框架	类型介绍	利益相关方示例
所有权	对企业拥有所有权的利益相关方	国务院国资委等上级主管单位、国网辽宁省电力有限公司、国家电网公司等
经济依赖性	与企业在经济上有依赖关系的利益相关方	电力客户、供应商、发电企业、员工等
社会利益	与公司在社会利益上有关系的利益相关方	政府部门、工业园区、农业园区、地方社区、媒体等

利益相关方调查

不同的利益相关方对企业有不同的诉求，需要根据不同的类型设计相应的调查内容和调查方式。利益相关方调查应该定期持续开展，以确保企业能及时密切掌握利益相关方的最新动态和想法。

▼　**利益相关方调查内容及方法**

利益相关方类型	调查内容	调查方式
所有权： 国务院国资委、国家电网公司、各省级电力公司等	最新的政策动向、对企业的要求、社会责任方面的总体部署等	通过年度工作会议、专项汇报等会议中获取信息
经济依赖性： 电力客户、供应商、发电企业、员工等	对企业最感兴趣的议题，对企业生产运营方面的意见和期望等	发放调查问卷
社会利益： 政府部门、工业园区、农业园区、地方社区、媒体等	最近的发展思路、战略或重大活动，需要电网企业提供的协助和支持等	召开座谈会

议题识别与
收集工具包　　议题分析与
筛选工具包　　议题策划与
实施工具包　　议题监测与
评价工具包　　议题管理规范性
文件编制工具包

结果分析与议题提炼

汇总每一份问卷中的问题、意见和需求，对调查的结果按照利益相关方类型进行整理并按下表的格式填写利益相关方议题征集清单。

对"所有权"性质的利益相关方

分析其最新的政策和发展动向中是否有对于企业社会责任方面的要求，选择适用于企业的要求作为一项社会责任议题而提出。例如由上级主管单位提出的实施居民用户阶梯电价政策，对该政策的响应和执行就成为供电企业的一项社会责任议题。

对于"经济依赖性"的利益相关方

筛选出有超过半数的利益相关方关注的那些议题纳入企业当年的议题收集范畴，并从利益相关方提出的意见期望中整理出具有共同特征的内容作为议题收集。例如客户普遍提出的拓宽交费渠道、发电企业普遍提出的促进清洁能源发展等就是来自于利益相关方的社会责任议题。

对于"社会利益"性质的利益相关方

要分析他们的发展思路和战略中企业可以参与和支持并创造共享价值的那部分内容，将其作为社会责任议题而提出。例如寿光市发展设施农业的战略对于电力有很大的需求，国网寿光市供电公司就将保障设施农业的电力需求作为一项议题而提出。

▼ 利益相关方社会责任议题征集清单

社会责任议题	议题类型	议题来源
居民阶梯电价	价值链主导型	上级主管单位
拓宽交费渠道	价值链主导型	用电客户
促进清洁能源发展	价值链主导型	发电企业
保障设施农业电力需求	价值链主导型	地方政府
……	……	……

利益相关方需求调查表

填表人：　　　　　　　　　　　　　　　　　　年　　　月　　　日

您属于下列哪一类利益相关方？

☐电力客户　☐供应商　☐发电企业　☐员工　☐其他 _____

您最关心我公司的哪些问题？可以多选。

☐推广智能电能表　　☐提高供电质量　　☐电力快速抢修　　☐大面积停电事故
☐保护电力设施　　　☐大用户直购　　　☐负责任采购　　　☐公平竞争
☐安全用电　　　　　☐拓宽交费渠道　　☐提升用电服务水平
☐员工安全健康　　　☐反歧视　　　　　☐员工志愿服务
☐开展节能服务　　　☐绿色采购　　　　☐促进清洁能源发展
☐其他 _____、_____、_____

在您关心的这些问题中，您觉得我公司的表现如何？

有哪些需要改进？

您的需求是什么？

您对我公司还有哪些意见或建议？

议题识别与
收集工具包　　议题分析与
筛选工具包　　议题策划与
实施工具包　　议题监测与
评价工具包　　议题管理规范性
文件编制工具包

工具 1-3 社会舆情监测工具

社会舆情监测是对互联网上公众的言论和观点进行监视和预测的行为。这些言论主要为对现实生活中某些热点、焦点问题所持的有较强影响力、倾向性的言论和观点。

具体来讲，舆情监测是指整合互联网信息采集技术及信息智能处理技术，通过对互联网海量信息自动抓取、自动分类聚类、主题检测、专题聚焦，实现用户的网络舆情监测和新闻专题追踪等信息需求，形成简报、报告、图表等分析结果，为客户全面掌握群众思想动态做出正确舆论引导，提供分析依据。

▼ 舆情监测的流程架构

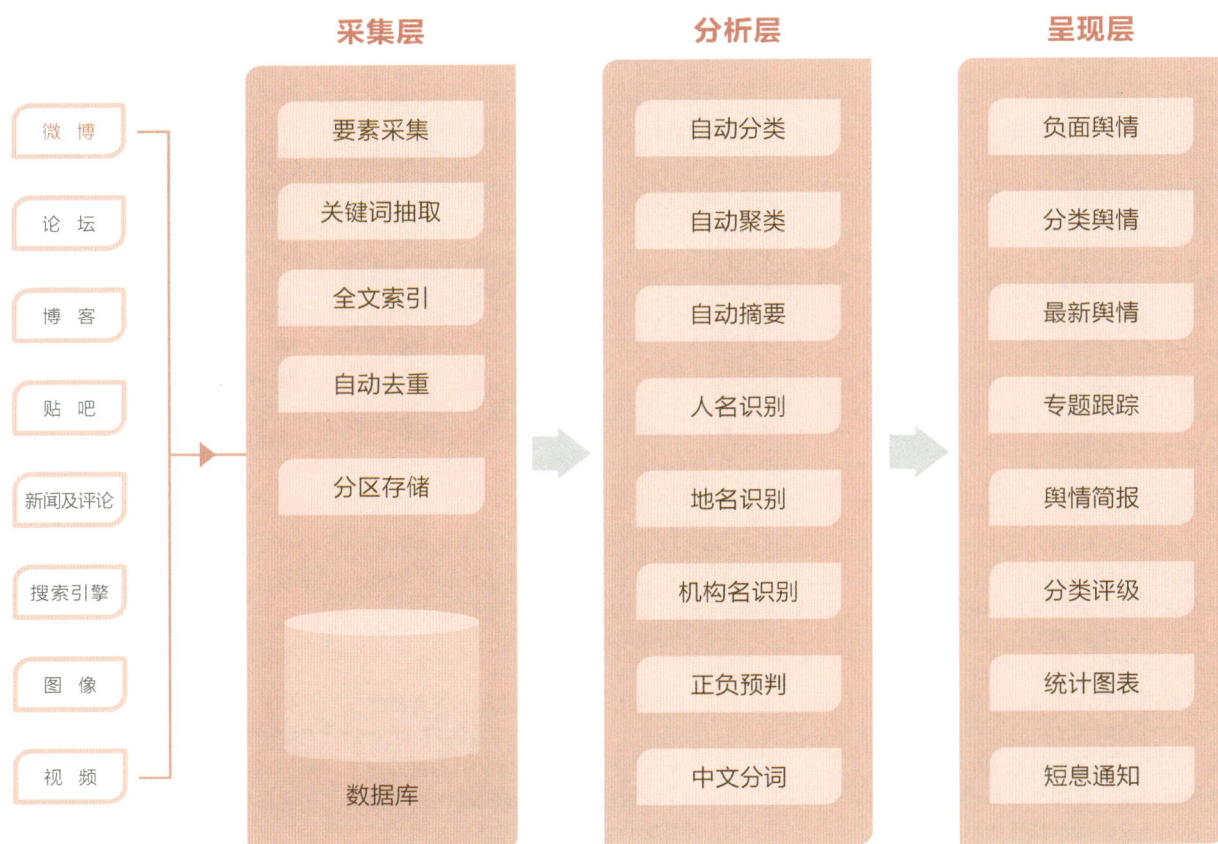

采集层	分析层	呈现层
要素采集	自动分类	负面舆情
关键词抽取	自动聚类	分类舆情
全文索引	自动摘要	最新舆情
自动去重	人名识别	专题跟踪
分区存储	地名识别	舆情简报
	机构名识别	分类评级
数据库	正负预判	统计图表
	中文分词	短息通知

微博　论坛　博客　贴吧　新闻及评论　搜索引擎　图像　视频

89

▼ 网络舆情的监测分析关键技术

网络舆情采集与提取技术是网络舆情监测分析的基础，网络舆情主要通过新闻、论坛、博客、即时通信软件等渠道形成和传播，这些通道的承载体主要是动态网页，这些松散的结构化信息使得舆情信息的有效抽取很有难度。舆情自动信息采集技术能根据用户信息需求，设定主题目标，使用人工参与和自动采集结合的方法完成信息收集任务。采集到网络舆情信息后，再通过数据清洗技术对收集到的信息进行预处理，提取出有价值的信息内容，如新闻的标题、出处、内容、点击量、评论等，并进行格式转换和数据统计，最后形成格式化信息。

网络舆情分类技术是指将收集的舆情进行自动分类，是舆情整理归纳的关键步骤，主要应用自然语言处理中的文本分类（textcategorization）和文本聚类（textclusters）等技术对网络舆情进行分类。文本分类是在给定的分类体系下，根据文档内容自动地确定文档的关联类别。文本聚类与文本分类不同，是一种无监督的机器学习方法，主要依据聚类假设：同类的文档相似度较高，不同类的文档相似度较低。

网络舆情采集与提取技术

网络舆情倾向性分析技术

网络舆情分类技术

网络舆情话题识别与追踪技术

倾向性分析又称意见挖掘，是对带有情感色彩的主观性文本进行分析、处理、归纳和推理的过程，是自然语言处理技术中新兴的研究课题，通过倾向性分析可以明确信息传播者的感情、态度、观点、立场、意图等。对网络舆情进行倾向性分析，就是试图根据文本内容提炼出文本作者情感方向，但是希望有计算机帮助实现这项工作。通过判断网络环境下倾向性特征词的特点和类型进行语气判别和标注，从而构建一个面向互联网的倾向性语气词典，为倾向性分析研究提供支持一般来说，倾向性分析的主要研究任务包括：情感信息抽取、情感信息分类、情感信息的检索与归纳。

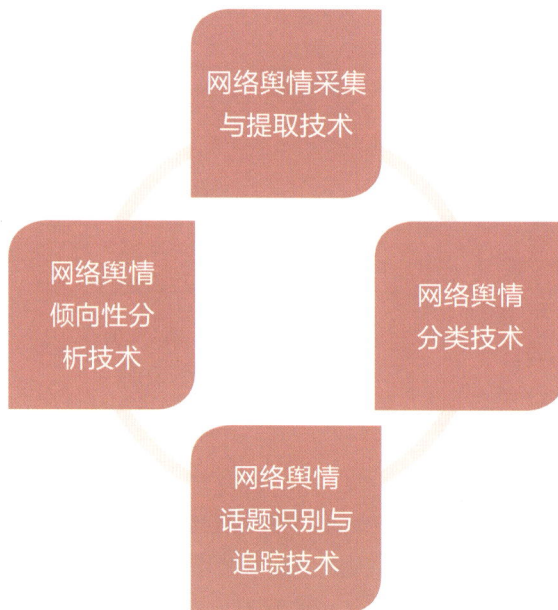

网络舆情涉及的范围和话题种类繁多，如何从这些海量信息中找到敏感话题，并对其演变趋势进行追踪成为网络舆情分析研究的一项关键技术，这也是议题管理所需的重点技术。网络舆情话题识别与跟踪技术始于 1996 年，旨在依据事件对语言文本信息进行组织、利用，是对网络舆情进行分析后通过算法找出热点问题并进行话题跟踪的过程。目前主流的研究模型有两种：基于向量的模型和基于概率的模型。

议题分析与筛选工具包

工具 2-1 社会责任议题分析框架

每一项社会责任议题的影响范围各有差异，具有不同的价值属性和资源条件，处于不同的社会关注状态及生命周期，所有这些因素都会影响到该议题在诸多议题中的重要性位置、实施的优先序列以及相应的应对策略。

▼ **议题中各项指标概念间的关系**

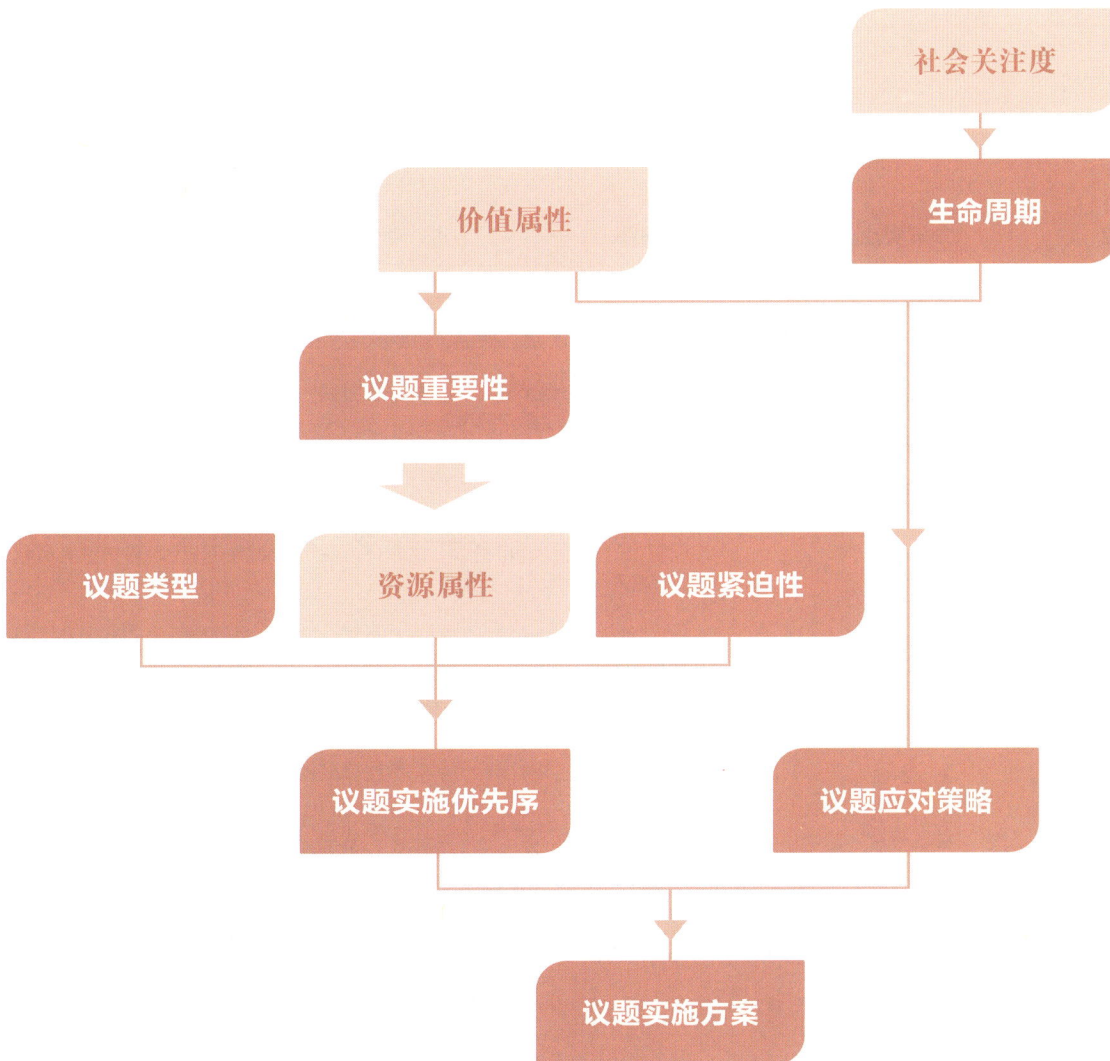

▶ 议题的价值属性决定议题的重要性，一般综合价值高的议题，其重要性相对就高；

▶ 议题的社会关注度决定了议题的生命周期，即该议题是处于潜伏期、发生发展期、热点期还是消退期？

▶ 议题的价值属性和生命周期共同决定了议题的应对策略；

▶ 对筛选出的重要议题，再结合议题的类型、议题的资源属性和紧迫性，确立出议题实施的优先序；

▶ 对评选出的优先议题，再结合该议题的应对策略制定详细的议题实施方案。

▼ 议题分析框架

分析框架	分析要点	具体问题
影响范围	影响对象	该议题影响了哪些利益相关方？
	影响时限	该议题带来的影响是临时的、短期的还是长期的？
价值属性	经济价值	该议题将给地方经济建设、相关产业发展、上下游企业、运营所在社区带来哪些贡献或构成哪些危害？
	社会价值	该议题将给社会福利、公平正义、透明道德、人民生活品质等方面带来哪些贡献或构成哪些危害？
	环境价值	该议题将给能源资源可持续、生态环境保护、生物多样性等带来哪些贡献或构成哪些危害？
	竞争力价值	实施或忽略该议题将对企业的生产运营、文化、品牌等带来哪些提升或损害？
社会关注度	关注群体	哪些群体对该议题比较关注？
	关注程度	该议题在媒体或关注群体中是否被广泛讨论？是否有群体发起对该议题的相关活动？
	生命周期	议题处于潜伏期、发生期、发展期、特点期还是消退期？
紧迫性	议题的战略意义	该议题是否与公司的战略发展密切相关？
	议题的敏感性	该议题是否与当前某个热点话题、事件或诉求密切相关？
	议题不作为的危害性	如果在该议题上不作为，公司可能面临哪些风险？
资源属性	企业角色	企业在该议题上扮演的角色？
	资源条件	企业可以在议题实施上发动哪些资源？开展哪些活动？这些资源是否容易获得？

工具 2-2 议题重要性筛选方法与工具

对社会责任重要议题的筛选将采用客观分析法和主观判断法相结合的方法进行。客观分析法是指通过对议题的价值属性这一决定议题重要性的关键指标进行翔实论证和分析，对议题的重要性进行初步确定，然后再根据公司领导班子和外部社会责任专家的主观打分，综合以上结果，确定议题的重要性。

▼ **社会责任议题重要性筛选流程**

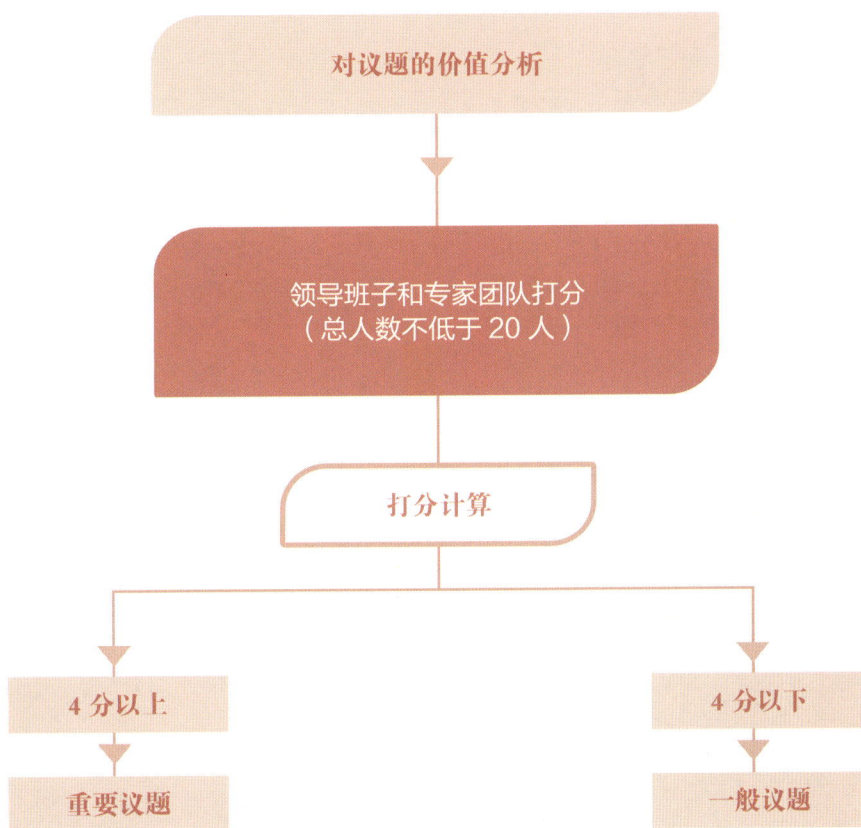

```
            对议题的价值分析
                 │
                 ▼
      领导班子和专家团队打分
      （总人数不低于 20 人）
                 │
                 ▼
             打分计算
          ┌───────┴───────┐
          ▼               ▼
       4 分以上          4 分以下
          │               │
          ▼               ▼
       重要议题          一般议题
```

- ▶ 各议题申报单位在填写申报表时，按照议题分析框架，对议题的经济价值、社会价值、环境价值和企业竞争力价值进行分析；
- ▶ 公司领导班子和外部社会责任专家（总人数不低于20 人）在阅读了解议题的价值分析基础上，结合自身的知识和经验，对议题的重要性给出判断，填写议题重要性判断表；

- ▶ 对领导班子和外部社会责任专家填写的议题重要性判断表按照以下公式进行统计计算：
  某议题重要性得分 = 对经济社会环境的价值得分 ×60%+ 对企业的价值得分 ×40%
- ▶ 得分 4 分以上的议题视为重要议题，4 分以下的议题视为一般议题。

社会责任议题重要性判断表

填表人　　　　　　　职务　　　　　　　联系方式

议题名称	议题对经济、社会、环境的价值或影响（权重60%）	议题对企业竞争力的价值或影响（权重40%）
推广智能电能表	□ 非常大（5分） □ 较大（4分） □ 一般（3分） □ 较小（2分） □ 非常小（1分）	□ 非常大（5分） □ 较大（4分） □ 一般（3分） □ 较小（2分） □ 非常小（1分）
重大活动保供电	□ 非常大（5分） □ 较大（4分） □ 一般（3分） □ 较小（2分） □ 非常小（1分）	□ 非常大（5分） □ 较大（4分） □ 一般（3分） □ 较小（2分） □ 非常小（1分）
保障设施农业用电需求	□ 非常大（5分） □ 较大（4分） □ 一般（3分） □ 较小（2分） □ 非常小（1分）	□ 非常大（5分） □ 较大（4分） □ 一般（3分） □ 较小（2分） □ 非常小（1分）
农网升级改造	□ 非常大（5分） □ 较大（4分） □ 一般（3分） □ 较小（2分） □ 非常小（1分）	□ 非常大（5分） □ 较大（4分） □ 一般（3分） □ 较小（2分） □ 非常小（1分）
提高供电质量	□ 非常大（5分） □ 较大（4分） □ 一般（3分） □ 较小（2分） □ 非常小（1分）	□ 非常大（5分） □ 较大（4分） □ 一般（3分） □ 较小（2分） □ 非常小（1分）
电能替代	□ 非常大（5分） □ 较大（4分） □ 一般（3分） □ 较小（2分） □ 非常小（1分）	□ 非常大（5分） □ 较大（4分） □ 一般（3分） □ 较小（2分） □ 非常小（1分）
……	……	……

工具 2-3 议题实施优先序评价方法与工具

对于筛选出的重要议题，要制定议题实施的优先序，选出当年最为紧迫和关键的议题集中给予资源、制定方案并实施。议题优先序的判定同样采用客观分析加主观判断相结合的方法。

▼　**社会责任议题优先序制定程序**

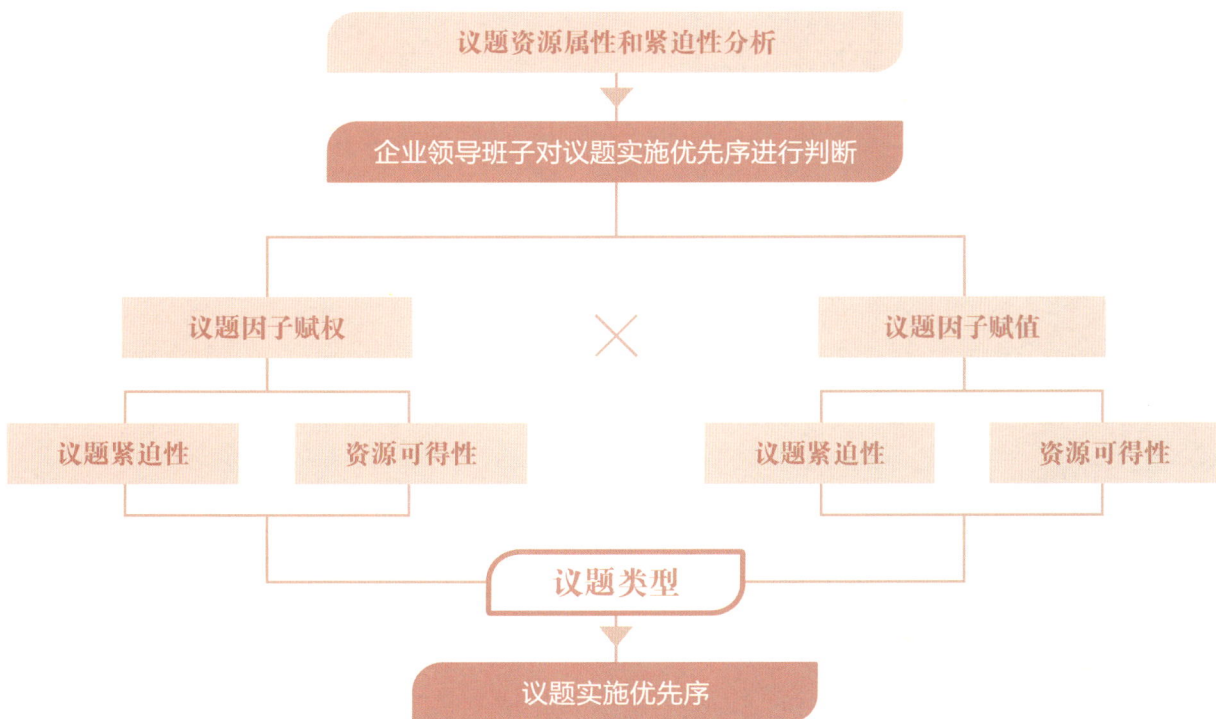

- ► 这里的议题因子就是指资源可得性和议题紧迫性两项因子；
- ► 重要议题筛选完成后，按照议题分析框架对重点议题的资源可得性和紧迫性进行分析；
- ► 组织企业领导班子，在对议题分析基础上，结合自身经验和立场，对议题的资源可得性、议题紧迫性的权重和分值分别进行打分；
- ► 按照公式 $Q_i = \sum_{j=1}^{n} Q_{ij}/n$ 算得各项议题因子的权重，其中 Q_i 是指 i 因子的权重，Q_{ij} 是指第 j 位领导给出的 i 因子的权重，n 是参与打分的领导数量；
- ► 按照公式 $E_i = \sum_{j=1}^{n} E_{ij}/n$ 算得各项议题因子的得分，其中 E_i 是指 i 因子的最终得分，E_{ij} 是第 j 位领导给出的 i 因子的得分，n 是参与打分的领导数量；

- ► 根据公式 $S=Q_i \times E_i \times \psi$ 算出该议题的综合得分，其中 ψ 是该议题的类型系数，若该议题为普通议题，则 ψ 为 0.8；若该议题为价值链主导型议题，则 ψ 为 1.2；若该议题为竞争环境主导型议题，则 ψ 为 1；
- ► 最后对所有议题的得分按从大到小排序，得到议题实施的优先序列；
- ► 取排在前 5~6 项议题作为当年的优先议题给予重点实施。

议题优先序判断打分表

填表人	职务	联系方式

赋权 （总分 100%）	资源可得性	议题紧迫性
赋值 （满分 100 分）	资源可得性 （极小——一般—极高） （0—50—100）	议题紧迫性 （极小——一般—极高） （0—50—100）
重大活动的保供电		
农网升级改造		
保障设施农业用电需求		
大面积停电事故		
保护电力设施		
大用户直购		
负责任采购		
安全用电		
提升供电服务水平		
电网建设中的征地拆迁		
战略性公益		
员工安全健康		
促进清洁能源发展		
电能替代		
电磁辐射		
气候变化		
雾霾		
社区关系改善		
利益相关方参与		

议题策划与实施工具包

工具 3-1 议题实施方案编制应用工具

在制定议题实施方案之前，需要对议题的现状、议题发生的原因、议题实施对企业的机遇和挑战等内容进行系统深入的研究和分析，以确保议题实施方案制定的科学性和高质量，确保议题实施能有效提升公司的社会责任绩效。在议题实施方案编制过程中，推荐三种常规的管理工具，分别为 SWOT 分析方法、鱼骨图分析法和 5W1H 分析法。

▼ 议题实施方案编制过程中的可用工具

工具名称	适用情况
SWOT 分析工具	适用于竞争环境主导型议题，可用于分析实施该议题对企业带来的机遇或挑战，以及企业在该议题上有哪些优势和劣势。基于对议题的 SWOT 分析，从而确立议题实施的策略组合
鱼骨图分析工具	适用于价值链主导型议题，可用于深入分析和推理议题的发生原因和发生机制，从根源上最大化发挥议题的正面价值，消除负面影响
5W1H 分析工具	适用于对所有议题的实施方案的制定，遵循 5W1H 的思路进行方案编制，可有效提高议题实施方案的规范性和完整性

SWOT 分析工具

SWOT 分析法最早是由美国旧金山大学的管理学教授韦里克在 20 世纪 80 年代初提出来的，通常运用于市场营销领域，是竞争情报分析常用的方法之一。SWOT 分析法有利于人们对组织所处情景进行全面、系统、准确地研究，有助于人们制定发展战略和计划，以及与之相应的发展计划和战略。

▶ SWOT 分析工具的内容

SWOT 分析就是系统地确认企业自身的优势（Strength）和劣势（Weakness）、面临的机会（Opportunity）和威胁（Threat），通过调查罗列出来，并依照一定的次序按矩阵形式进行排列，然后运用系统分析的思想，把各种因素相互匹配起来加以分析，并据此提出企业战略的一种有效方法。

▼ SWOT 分析矩阵

内部分析 / 外部分析	优势 S 1. 2. 列出优势 3.	劣势 W 1. 2. 列出劣势 3.
机会 O 1. 2. 列出机会 3.	SO 战略 1. 2. 发挥优势利用机会 3.	WO 战略 1. 2. 克服劣势利用机会 3.
威胁 T 1. 2. 列出威胁 3.	ST 战略 1. 2. 利用优势回避威胁 3.	WT 战略 1. 2. 减少劣势回避威胁 3.

▼ 开展 SWOT 分析的主要内容

运用各种调查研究方法，分析出公司所处的各种环境因素，即外部环境因素和内部能力因素。外部环境因素包括机会因素和威胁因素，它们是外部环境对公司的发展直接有影响的有利和不利因素，属于客观因素，内部环境因素包括优势因素和弱点因素，它们是公司在其发展中自身存在的积极和消极因素，属主动因素，在调查分析这些因素时，不仅要考虑历史与现状，而且更要考虑未来发展问题。

在完成环境因素分析和 SWOT 矩阵的构造后，便可以制定出相应的行动计划。制定计划的基本思路是：发挥优势因素，克服弱点因素，利用机会因素，化解威胁因素；考虑过去，立足当前，着眼未来。运用系统分析的综合分析方法，将排列与考虑的各种环境因素相互匹配起来加以组合，得出一系列公司未来发展的可选择对策。

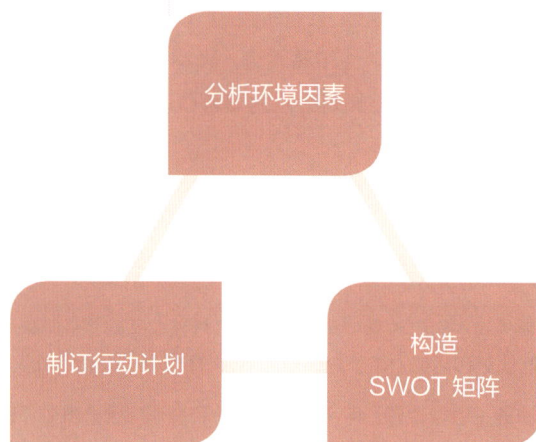

分析环境因素

制订行动计划

构造 SWOT 矩阵

将调查得出的各种因素根据轻重缓急或影响程度等排序方式，构造 SWOT 矩阵。在此过程中，将那些对公司发展有直接的、重要的、大量的、迫切的、久远的影响因素优先排列出来，而将那些间接的、次要的、少许的、不急的、短暂的影响因素排列在后面。

▶ SWOT 分析工具在社会责任议题管理中的应用实践

SWOT 分析工具尽管主要用于对企业发展环境的分析和整体发展战略的制定，但其工具方法的精髓同样适用于对竞争环境主导型的社会责任议题的分析和战略制定。

🔧⚙ 供电企业电能替代的 SWOT 分析与对策

内部分析 外部分析	优势 S 1. 设备与技术优势 2. 服务优势 3. 产业链优势	劣势 W 1. 缺乏强制效力 2. 停电事故造成负面影响
机会 O 1. 对环境治理的迫切需求 2. 电动汽车等电力设备的日渐成熟	SO 战略 1. 成立专业团队 2. 与电力设备等建立联盟 3. 制定电能替代技术设备清单 4. 为客户量身定制电能替代方案	WO 战略 开展议题传播，结合环境污染治理等外部需求，为电能替代营造舆论氛围
威胁 T 1. 电能替代存在技术难度和利益壁垒 2. 煤炭石油价格走低影响电力的成本优势	ST 战略 1. 制定电能替代中长期规划 2. 分步骤、分重点、分难易实施 3. 结合外部环境变化充分把握推进的时机	WT 战略 1. 持续改善供电服务水平 2. 指导客户建立防范停电事故的应急机制

议题识别与
收集工具包

议题分析与
筛选工具包

议题策划与
实施工具包

议题监测与
评价工具包

议题管理规范性
文件编制工具包

鱼骨图分析工具

问题的特性总是受到一些因素的影响，我们通过头脑风暴法找出这些因素，并将它们与特性值一起，按相互关联性整理而成的层次分明、条理清楚，并标出重要因素的图形就叫特性要因图。因其形状如鱼骨，又名鱼骨分析法。它是由日本管理大师石川馨先生所发展出来的一种透过现象发现问题"根本原因"的分析方法。

▶ **鱼骨图的三种类型**

A. 整理问题型鱼骨图
各要素与特性值间不存在原因关系，而是结构构成关系。
B. 原因型鱼骨图
鱼头在右，特性值通常以"为什么……"的形式来描述。
C. 对策型鱼骨图
鱼头在左，特性值通常以"如何提高 / 改善……"的形式来描述。

▶ **鱼骨图分析法在社会责任议题管理中的应用实践**

以通过查找问题根本原因而提出解决办法的鱼骨图分析法，对价值链主导型议题的分析和议题方案的制定提供了很好的分析工具。

▶ **鱼骨图的制作步骤**

制作鱼骨图分两个步骤：分析问题原因 / 结构、绘制鱼骨图。

步骤一：分析问题原因 / 结构
A、针对问题点，选择层别方法。
B、按头脑风暴分别对各层别类别找出所有可能原因（因素）。
C、将找出的各要素进行归类、整理，明确其从属关系。
D、分析选取重要因素。
E、检查各要素的描述方法，确保语法简明、意思明确。

步骤二：鱼骨图绘图过程
A、填写鱼头（按为什么不好的方式描述），画出主骨；
B、画出大骨，填写大要因；
C、画出中骨、小骨，填写中小要因；
D、用特殊符号标识重要因素。

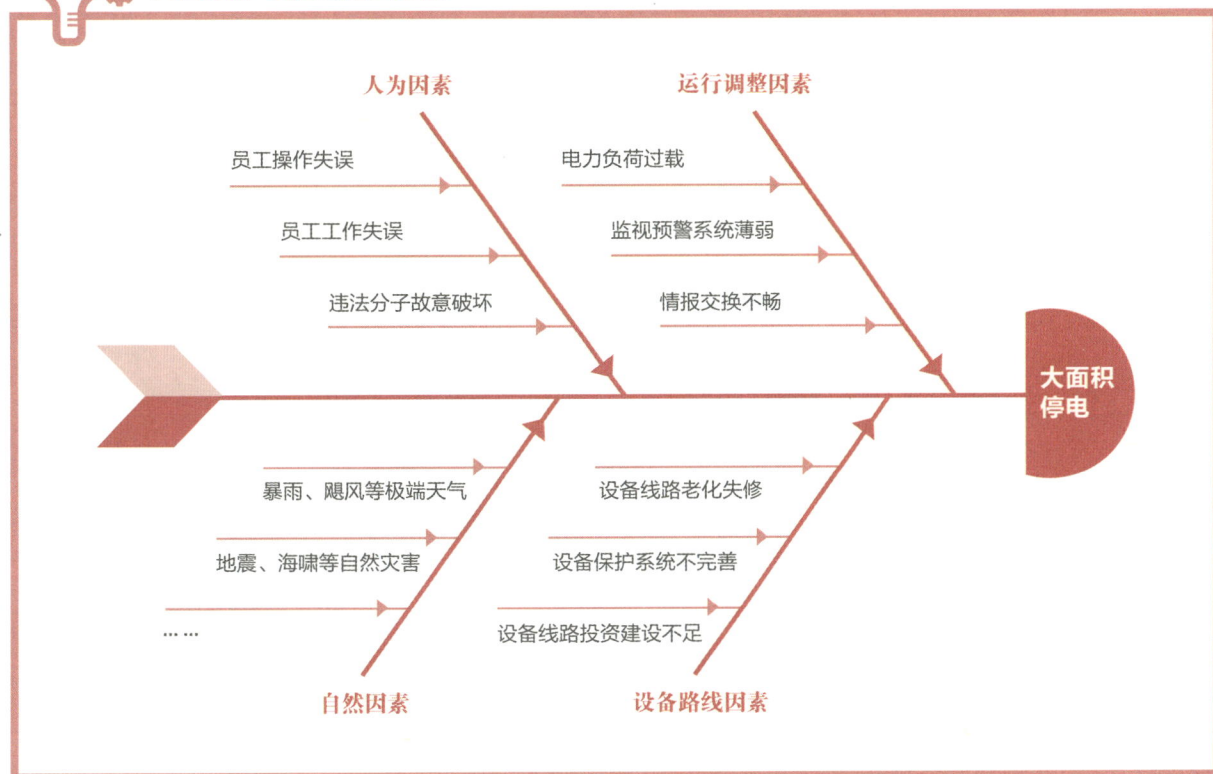

大面积停电的鱼骨图分析

人为因素
- 员工操作失误
- 员工工作失误
- 违法分子故意破坏

运行调整因素
- 电力负荷过载
- 监视预警系统薄弱
- 情报交换不畅

自然因素
- 暴雨、飓风等极端天气
- 地震、海啸等自然灾害
- ……

设备路线因素
- 设备线路老化失修
- 设备保护系统不完善
- 设备线路投资建设不足

大面积停电

5W1H 分析工具

▶ **5W1H 分析工具简介**

1932 年，美国政治学家拉斯维尔提出"5W 分析法"，后经过人们的不断运用和总结，逐步形成了一套成熟的"5W1H"模式。

5W1H 就是对选定的项目、工序或操作，都要从原因（何因 Why）、对象（何事 What）、地点（何地 Where）、时间（何时 When）、人员（何人 Who）、方法（何法 How）等六个方面提出问题进行思考。

5W1H 分析法为人们提供了科学的工作分析方法，常常被运用到制订计划草案上和对工作的分析与规划中，并能使我们工作有效地执行，从而提高效率。

▶ **5W1H 分析方法在议题管理中的应用实践**

5W1H 分析方法周密考虑到项目执行涉及的所有因素，这对于制定社会责任议题实施方案具有很好的参考价值。

5W1H 分析方法在议题"社区关系改善"实施方案制订中的应用示例

5W1H	议题实施方案考虑的问题
原因（Why）	▶ 社会责任联系点是国网朝阳供电公司开展全面社会管理试点的一项实践活动，是"百千万"社会责任项目的子项目之一； ▶ 社会责任联系点的建立有利于提高公司与常规服务范围之外的社区、偏远山区的民众的沟通和联系。
对象（What）	▶ 社会责任联系点服务的对象主要是广大居民客户。
地点（Where）	▶ 城市社区、棚户区以及偏远山区等。
时间（When）	▶ 共开展两年规划，预计建立 1000 个社会责任联系点。
人员（Who）	▶ 该议题的实施主要由公司营销部的工作人员负责，检修部门、社会责任管理办公室、工会等部门人员协助。
方法（How）	▶ 对社会责任联系点的品牌化打造和标准化规范化管理； ▶ 策划社会责任联系点的一系列活动； ▶ 结合公司现有的缴费点等平台资源开展工作。

议题识别与
收集工具包

议题分析与
筛选工具包

**议题策划与
实施工具包**

议题监测与
评价工具包

议题管理规范性
文件编制工具包

工具 3-2 议题传播工具简介

议题传播是指议题实施者将议题承载的观点、态度和信息以特定的形式通过相关媒介或渠道向利益相关方以及社会公众进行宣传和告知以获取其对议题的认知、理解和支持的一项活动。议题传播是社会责任议题实施的重要内容，也是议题实施取得成功的关键因素。

▸ **议题传播工具简介**

议题传播工具按照影响力和载体可以分为大众媒介、自有媒介和非媒介渠道三大类。传播形式包括新闻报道、视频播放、参与交流、专题报道、信息专递等，不同的传播工具有不同的优缺点，适用于不同的传播形式。

▼ **议题传播工具及内容详解**

工具类型	工具名称	特点	适用形式
大众媒介	报刊杂志	有较高的权威性和影响力、但传播形式较为单一且版面篇幅相对受限	适用于以新闻报道的形式对议题进行权威有深度的解析和报道
	广播电视	受众广、影响力大、权威性高、形式丰富、但成本较高	适用于以播放新闻视频、参与谈话类节目等形式进行生动亲切的议题传播
	门户网站、论坛等网络媒体	形式丰富、版面篇幅相对较大、公众参与度高但不易控制	适用于新闻报道、视频和参与在线交流节目等多种形式的议题传播
自有媒介	公司网站	形式丰富、版面篇幅可自由控制、但受众相对有限且参与度不高	适用于以专题、专栏等形式对议题进行大面积、有深度的持续全面报道
	公司微博账号、微信公众号等	形式丰富、版面篇幅和实效性可自由控制，受众数量有限但参与度很高	适用于以简讯、专题报道等形式对议题进行快速及时的信息披露和回应公众的疑问
非媒介渠道	信息宣传单、直接信函、电子邮件	形式单一、受众为特定人群、非公开	适用于对特定的利益相关方进行信息的专项传递和沟通

▸ **议题传播工具在议题实施中的应用实践**

在具体的社会责任议题实施过程中，往往需要结合实际将多种议题传播工具组合使用。

🔧⚙ **议题传播工具在电能替代议题实施中的应用**

传播媒介组合		具体传播策略
大众媒介	报刊杂志	联合当地主流纸媒，对公司电能替代开设专题报道；
		邀请环境专家电力专家为电能替代的社会环境意义撰文并发表
	广播电视	联合地方电视台或广播台，参与或发起环保类谈话类节目，邀请环境专家、电力专家等共同探讨电能替代在环境治理中的意义和作用；
		制作电能替代的宣传片在媒体上播放
	门户网站、论坛等网络媒体	联合门户网站开设以雾霾治理为话题的环保类在线交流节目，邀请环境专家做客并介绍电能替代对于雾霾治理的作用；
		在门户网站、论坛中转载上传反映公司电能替代的新闻报道、文章以及视频；
		定期搜集网友评论，分析其对于电能替代的观点态度，为后续议题传播策略提供参考
自有媒介	公司网站	开篇电能替代专栏或专页，持续全面深度报道公司的电能替代总体战略、推进计划、合作项目及成效等
	公司微博、微信公众号	持续转播公司推动电能替代的相关新闻、文章、简讯、活动报道等，定期搜集粉丝的评论，分析其观点态度，为后续的议题传播策略提供参考
非媒介渠道	直接信函、电子邮件	搜集电能替代相关新闻报道、文章，制作工作简报定期向电能替代目标客户发送

议题监测与评价工具包

工具 4-1 议题实施监测评估工具

对于社会责任优先议题的实施，需要建立一套监督评估程序，由社会责任管理办公室在议题实施前期、中期和后期分别进行监测、信息收集与评估，确保议题实施过程的资源匹配得当、使用得当和方法得当，从根本上保障议题实施的顺利和绩效。

▼ **议题实施监测评估机制**

评估阶段	议题实施前	议题实施中	议题实施后
评估目的	了解议题实施具备的条件	掌握议题实施进展及问卷	评估议题实施带来的成效
评估内容	议题实施机制（组织、人力、制度、能力）	议题实施进展（方案落实、人员参与、利益相关方参与）	议题实施绩效（绩效指标、员工评价、领导层评价、利益相关方评价）
评估方法	座谈、一对一访谈	访谈、资料查看、现场考察	抽样调查、资料查看、现场走访

议题识别与
收集工具包

议题分析与
筛选工具包

议题策划与
实施工具包

议题监测与
评价工具包

议题管理规范性
文件编制工具包

▶ 在议题实施之前，主要评估议题实施机制，通过对议题实施项目组进行一对一访谈或座谈的方式，了解议题实施是否具备充分的管理、人力、制度或能力条件，及时查漏补缺，为议题的顺利推进奠定基础。

▶ 在议题实施中期，主要评估议题的实施进展，通过访谈、资料查看和现场考察等方式，了解议题是否在按照实施方案的要求和规划推进，员工以及利益相关方参与到议题实施的程度如何、存在哪些问题。

▶ 在议题实施之后，主要评估议题带来的成效，通过抽样调查、资料查看、现场走访等方式，从议题本身的绩效指标，以及领导层、员工和利益相关方对议题的评价，评估议题的绩效。

▼ 社会责任议题实施监测评估指标体系

指标项	具体指标	问题
议题管理机制	议题管理的组织体系	公司是否建立议题管理的组织机构？是否有专门的团队或人员负责议题管理？职责分工是否明确？
	议题管理流程与程序	公司是否建立议题管理的流程和程序？流程是否清晰合理？是否具有可操作性？
	议题管理能力建设	公司是否举办针对议题管理的培训或会议活动？是否编制议题管理的手册或案例？
议题实施过程	议题实施方案的部署落实	议题实施方案是否得到预期的推进？是否有足够的资源保障议题的实施？
	议题实施的员工参与情况	议题实施过程是否有广大员工的参与？员工在议题实施中分别担任了哪些角色？
	议题实施的利益相关方参与情况	议题实施过程是否有利益相关方参与？参与的方式？发挥的作用？
议题实施绩效	议题实施中的具体绩效指标	议题实施中具体的各项指标实现情况？
	公司高层对议题实施的评价	公司高层领导对议题实施的价值和效果有何评价？是否满意？
	公司员工对议题实施的评价	公司员工对议题实施的价值和效果有何评价？是否满意？
	利益相关方对议题实施的评价	利益相关方对公司议题实施是否知情？有何评价？

工具 4-2 议题管理绩效考核工具

建立社会责任议题管理的绩效考核机制不仅是规范议题管理的必要手段，也有助于最大限度发挥各部门机构的职责和参与议题管理的积极性。社会责任议题管理的绩效考核主体为企业社会责任领导班子，将分别对社会责任议题实施项目组、社会责任管理办公室和各职能部门及县供电公司在全年议题管理中发挥的职责和取得的成效进行考核。

▼ 社会责任议题管理绩效评估机制

考核主体	公司社会责任领导班子		
考核对象	社会责任议题 实施项目组	社会责任 办公室	各职能部门 及县供电公司
考核内容	▶ 议题实施的绩效 ▶ 各方对议题实施的评价	▶ 社会责任在议题管理中的尽职情况	▶ 议题管理的总体参与情况 ▶ 非优先议题的管理情况
考核方式	▶ 填写绩效考核表 ▶ 汇报会	▶ 填写绩效考核表	▶ 填写绩效考核表 ▶ 提交相关资料

社会责任议题管理绩效考核程序

▶ 在企业社会责任领导班子中成立社会责任议题管理绩效考核组，负责具体的议题管理的绩效考核工作；

▶ 由绩效考核组向各议题实施项目组、社会责任管理办公室和职能部门及县供电公司分别发放《社会责任议题管理绩效考核表》；

▶ 各考核对象认真填写《社会责任议题管理绩效考核表》，并附上相关的资料文件一并报送公司社会责任议题管理考核组，相关资料包括议题实施成果报告、监督评估报告、议题申报表、议题管理工作总结等；

▶ 社会责任议题实施项目组还将单独召开汇报会，分别汇报各自负责议题的实施情况，现场由公司社会责任领导班子予以打分评优；

▶ 最后绩效考核组通过对绩效考核表及相关资料的审查、综合汇报会的评选结果，评选议题管理的优秀团队和部门，给予奖励。

议题识别与
收集工具包

议题分析与
筛选工具包

议题策划与
实施工具包

议题监测与
评价工具包

议题管理规范性
文件编制工具包

▼ 社会责任议题管理绩效考核表

单位名称	
填表人	
联系方式	
所属部门	□议题实施项目组 □社会责任管理办公室 □职能部门及子公司

本年度在议题管理中所开展的工作：

实施议题管理取得的成效：

自我评价与建议：

议题识别与
收集工具包

议题分析与
筛选工具包

议题策划与
实施工具包

议题监测与
评价工具包

议题管理规范性
文件编制工具包

105

社会责任议题管理评价打分表

		议题 1	议题 2	议题 3	议题 4	议题 5	······
选题立项	外部视野						
	问题导向						
	前期调研						
	可行性评估						
	企业需求						
	社会关注						
	核心业务						
	地域特色						
策划实施	项目制管理						
	组建团队						
	有效推动						
	透明运营						
	开展培训						
	厘清边界						
	合作共赢						
	变化导向						
	坚持创新						
	严格管控						
总结评估	成效量化						
	成效多元						
	可持续						
	运用工具						
	社会表达						
	社会绩效						
	外部评价						
	示范效果						
	品牌导向						
	奖项荣誉						
改进提升	反馈调整						
	周期管理						
	成果推广						
	机制固化						
	长期效果						
	能力提升						
总分							

工具 4-3 社会责任议题管理（根植项目制）评价标准

选题立项

得分项	加分项
1. 外部视野： 选题融合外部视角，关注企业对社会的影响，具有社会价值。（5分）	5. 企业需求： 服务保障支持企业发展的重点工作和中心工作，有利于营造企业和谐发展环境。（2分）
2. 问题导向： 选题关注具体问题和工作难点。（6分）	6. 社会关注： 关注可持续发展，结合社会舆论热点，推动解决重大社会问题。（2分）
3. 前期调研： 在项目实施前针对内外部环境和利益相关方开展调研，进行背景与现状分析。（5分）	7. 核心业务： 选题立足于企业的核心社会功能，以及企业发展中长期的、稳定的业务。（2分）
4. 可行性评估： 项目启动前对风险点、经济技术可行性进行评估，确保措施合法合规。（5分）	8. 地域特色： 充分考虑地方特点，结合区域经济社会环境特点，发挥企业优势。（2分）

策划实施

得分项	加分项
9. 项目制管理： 运用项目制管理方法，确立关键节点和实施进度，有完整的项目管控流程与规划。（6分）	14. 厘清边界： 定位分析企业与各利益相关方诉求，确定各方责任边界。（2分）
10. 组建团队： 需要明确项目实施团队以及责任分工。（5分）	15. 合作共赢： 建立利益相关方参与机制，依据利益相关方各自特点确立合作机制。（3分）
11. 有效推动： 按要求及时报送项目推进工作中的计划总结等相关材料。（4分）	16. 变化导向： 项目实施对现有工作目标、方式、流程有所改进和优化。（3分）
12. 透明运营： 保证项目运行透明度，多渠道披露项目实施过程相关信息。（5分）	17. 坚持创新： 积极探索，运用创新的方式解决问题，有效改善原有解决方案的局限性，推动社会资源的优化配置。（2分）
13. 开展培训： 开展社会责任根植项目制培训，全员普及社会责任理念与方法。（4分）	18. 严格管控： 明确项目的投资或其他资源投入的情况，有效防范管理漏洞与风险，确保项目运营效率效益。（2分）

总结评估

得分项	加分项
19. 成效量化： 对项目的关键成效进行量化，通过指标衡量。（5分）	24. 社会绩效： 优化内部指标和评价体系，将社会绩效指标与专业工作绩效指标有机结合。（3分）
20. 成效多元： 不仅从企业角度衡量效果，同时体现利益相关方合作并影响项目开展的具体过程及成效。（5分）	25. 外部评价： 建立外部评价体系，成效评估加入第三方评价。（2分）
21. 可持续： 项目具有延续性，不是单纯是短期工作绩效的总结；满足可持续开展的条件。（5分）	26. 示范效果： 核心的工作理念和方法可应用于其他单位或其他业务，管理的流程和制度可复制推广。（2分）
22. 运用工具： 积极运用社会责任的管理方法与工具。（3分）	27. 品牌导向： 针对项目实施的不同阶段开展品牌推广策划，创新传播载体和方式，彰显责任央企品牌。（2分）
23. 社会表达： 熟练运用社会表达，项目的实施过程及有关材料充分体现内部工作外部化。（4分）	28. 价值导向： 成效能体现利益相关方共赢，除了为企业创造价值外，同时产生显著的经济、社会、环境价值。（2分）
	29. 奖项荣誉： 项目获得专利、奖项、荣誉，可纳入加分范围。按专利和奖项级别不同分值不同，最高加（3分）。

改进提升

得分项	加分项
30. 反馈调整： 依据项目实施过程中内外部利益相关方反馈及时调整措施。（4分）	33. 机制固化： 在项目实施中形成激励、考核、纠错等机制，形成可以固化的流程和机制。（2分）
31. 周期管理： 每年在项目总结的基础上提出明年改进提升的目标与任务。（5分）	34. 长期效果： 注重项目实施的长期效果，设立远景目标，兼顾短期目标，坚持持续改进。（2分）
32. 成果推广： 针对效果已得到了检验的项目成果，需及时开展内外部推广与分享。（4分）	35. 能力提升： 持续推进项目开展有助于全员业务能力、履责能力的提升。（2分）

注：得分项满分为80，加分项满分为40；项目最后评分 = 得分项分数 + 加分项分数。

议题管理规范性文件编制工具包

工具 5-1 议题管理工作方案大纲

<table>
<tr><td colspan="2" align="center">**国网 ×× 供电公司 ×× 年社会责任议题管理工作方案**</td></tr>
<tr><td>**一、背景及意义**
阐述国网 ×× 供电公司提出社会责任议题管理的背景，包括：公司全面社会责任管理的需要，顺应可持续发展的趋势，保持地（市）级公司中社会责任领先地位的创新需求等。</td></tr>
<tr><td>**二、目标**
阐述当年要达成的社会责任议题管理的基本目标，如通过议题管理的思维提高公司社会责任意识和能力；通过议题管理的方法落实国家电网社会责任根植制；通过议题管理的工具提升公司社会责任管理水平。</td></tr>
<tr><td>**三、工作思路**
阐述国网 ×× 供电公司推进社会责任议题管理的工作思路及社会责任议题收集、分析、重要议题筛选、优先议题评选、优先议题实施方案及实施等一系列工作步骤。</td></tr>
<tr><td>**四、工作重点**
阐明国网 ×× 供电公司当年社会责任议题管理的工作重点，如初步搭建社会责任议题管理框架、培养若干名议题管理团队、完成 4~5 项优先议题的试点实施、评选出若干项优秀成果等。</td></tr>
<tr><td>**五、保障机制**
阐述国网 ×× 供电公司社会责任议题管理的保障机制，包括组织保障、制度保障、资金保障和能力保障等。</td></tr>
</table>

工具 5-2 议题申报规范表格

议题名称	
议题申报单位	
议题负责人	
对议题的描述	
议题影响的利益相关方	
议题的价值	
议题的资源可得性	
议题的社会关注度	

工具 5-3 议题实施方案大纲

<table>
<tr><td colspan="1" align="center">×× 议题实施方案</td></tr>
<tr><td>1. 前言</td></tr>
<tr><td>2. 议题来源及描述</td></tr>
<tr><td>3. 议题分析
  议题的影响范围
  议题类型
  议题的属性
  议题的生命周期阶段
  可对议题发动的资源</td></tr>
<tr><td>4. 议题现状调查
  利益相关方调查
  议题实施的内外部环境分析</td></tr>
<tr><td>5. 议题应对策略及目标
  议题应对策略
  议题实施目标</td></tr>
<tr><td>6. 议题实施的行动方案
  管理提升方案
  创新项目方案
  沟通传播方案</td></tr>
<tr><td>7. 议题实施的资源保障
  组织保障
  资金保障
  制度保障
  ……</td></tr>
</table>

工具 5-4 成果化规范体例

案例标题
一、议题提出的背景 介绍议题提出的经济社会背景，包括：该议题在当地的发展现状、问题和难点；与可持续发展的关系和影响；企业在其中扮演的角色和定位；利益相关方对该议题的关注程度以及企业提出该议题的初衷和意义等。
二、议题的价值分析 对该议题的经济、社会、环境价值以及对企业竞争力的影响等进行分析，同时识别议题实施的可行性和风险点。
三、议题的应对策略 介绍该议题的应对策略是积极引导型、主动预防型还是率先发起型？说明选择该应对策略的原因及具体的策略思路。
四、议题的实施举措 总结议题实施的主要行动，包括建立管理机制、打造平台、策划活动、沟通传播、品牌化运作等等。举措的描述要清晰简洁，最好能够总结出独特的模式或经验。举措介绍中可以穿插小案例、小故事或图片。
五、议题实施的成效 总结议题实施带来的经济效益、社会效益、环境效益以及给企业自身管理、经营、文化、社会关系及品牌等方面带来的改善，议题实施的成效尽可能量化，不能量化的尽量用示例证明。

图书在版编目（CIP）数据

社会责任议题管理手册 / 国家电网公司编 . -- 北京：
中国电力出版社，2017.6（2018.7重印）

ISBN 978-7-5198-0883-9

Ⅰ . ①社… Ⅱ . ①国… Ⅲ . ①电力工业- 工业企业-
社会责任- 工业企业管理- 手册 Ⅳ . ① F426.61-62

中国版本图书馆 CIP 数据核字 (2017) 第 136423 号

出版发行：中国电力出版社
地　　址：北京市东城区北京站西街 19 号（邮政编码 100005）
网　　址：http://www.cepp.sgcc.com.cn
责任编辑：石雪　杨敏群（010-63412531）
责任校对：太兴华
装帧设计：北京大良造品牌顾问有限责任公司
责任印制：单玲

印　　刷：北京瑞禾彩色印刷有限公司
版　　次：2017 年 6 月第一版
印　　次：2018 年 7 月北京第二次印刷
开　　本：889 毫米 ×1194 毫米　16 开本
印　　张：7.5 印张
字　　数：224 千字
定　　价：55.00 元